一秒宝

「嫌なこと」をやめたら、
結果を出す時間が増えていく

小栗成男

GENTOSHA

▼はじめに

皆さん、こんにちは、小栗成男です。

初めて私の本を手に取ってくださった方のために、自己紹介をさせていただきます。

私は、自動車販売事業会社を中心に、グループ会社一四社（社員数約五二〇〇人）の経営者としても、日々ビジネスに携わっています。

一方、ビジネスマンとは違う顔もいろいろ持っています。

たとえば、世歌動《せかい》というステージネームで、テノール歌手としてオペラやカンツォーネをご披露することもあります。

日本の文化と風土を愛し、日本の伝統技術の結晶である日本酒＝國酒の普及に尽力する「酒サムライ」（第一〇代）を拝命し、国の内外で國酒のＰＲにも勤しんでいます。

未来の担い手である子どもたちをどのように育てていくのがいいのか、地元・名古屋市の教育委員会の委員としての責務も担っています。

そして出版においては、『オグリズム』（日刊自動車新聞社）、同書英語版『OGURHYTHM』（丸善プラネット）、『型やぶりに生きる』（PHP研究所）に続いて、本書が四冊目の著作となりました。

じつは書くこと以上に好きなのが「話す」ことで、講演活動もいろいろお引き受けしています。例えば若手ビジネスパーソンには、モチベーションを上げてイキイキと活躍するコツや、私自身の人生哲学である「一秒宝《いちびょうほう》」の考え方を話したりします。経営者の集いでは、いかに既成概念の枠に凝り固まらずに、自由な発想力を持ち続けられるようにするかを話したりしています。

また、ミス・ユニバース・ジャパンのビューティーキャンプ特別講師として、各都道府県から選出された代表メンバーに、舞台でオーラを出すための方法などのレクチャーもしています。

今、私は五三歳になりましたが、年々エネルギッシュになっている自分を体感しています。

「小栗さん、あなたの本業っていったい何なの？」

「いろんなことをやられているけれど、いったい何を目指しているの？」

よく質問されます。

主な収入を何から得ているかといえば、それは会社経営者としての役員報酬になります。公職に就かせていただいたり、出版や講演の依頼をいただいたりするのも、これまでやってきたビジネス面での実績を評価していただけているからこそで、そういう意味では自分のキャリアを誇りに思っています。

けれども、私は会社経営を、「これだけが自分の本業だ」という意識ではやっていないのです。誤解しないでくださいね、けっして手を抜いて、いいかげんにやっているという意味ではありません。全力投球していますが、それだけを「本業」と見なし、その他のことを「副業」という考え方はしていない、会社だけが私の人生のメインではないということです。

世歌動として歌うことも、出版や講演活動も、教育委員としての職務も、片手間にやろうとしたことは一度もありません。つねに、そのときの自分の全エネルギーを注いでやっています。

つまり、すべてが本業で、すべての顔が私の本当の顔——。それを一秒単位でパッパッパッと切り替えていくのが、私の目指している生き方なのです。

欧米では、「個」という感覚が確立されているので、一つのことだけに邁進《まいしん》する人がいても、いろいろな方面にマルチに活躍する人がいても、それは生き方の違いだという認識で尊重されますが、日本ではなぜか、「本業以外のことにそんなに一生懸命になっていたら、本業がおろそかになるのでは？」という見方をします。とくにビジネスの世界ではその傾向があります。私は、そんな固定観念を突き破る日本人ビジネスパーソンになりたいと思っています。

そのうえで目指しているのが、どこかで私と接点のあった方、ご縁のできた方を、元気にすることでしょうか。

「小栗さんに会うと元気が出る」

「小栗さんの話を聞いて、刺激をもらった。自分ももう一度がんばってみようという気になった」

「世歌動さん（小栗さん）の歌に癒された」

「小栗さんの笑顔と豪快な笑い声を聞いているだけで、気持ちがカラッとしてきた」

どんなかたちでもいいのですが、私という人間の存在が、世の中を少しでも明るく、元気にするために役に立てばうれしい。それが私の目指すところです。


周りの人を元気にしたい——この発想の原点がどこにあるのかと考えたとき、ふと思い出したのは中学時代のことです。

私は中学生のころから、ものまねが得意でした。名古屋にある東海中学・東海高校という中高一貫の私立男子校だったのですが、私は個性豊かな先生方のものまねをやってみせては、クラスのみんなを爆笑させていました。「みんなを笑顔にさせるって気持ちいいなあ」と思うようになったのは、あれがきっかけだったように思います。

映画好きな父の影響で洋画が好きだった私は、自分の気に入っている映画のシーンを何度も繰り返し観て、真似したりしているうちに、ものまねのコツをつかんだのです。

自分ではない誰かになりきるには、瞬発的な気持ちの切り替えが必要です。一瞬にしてその人の世界にワープする感じ、そのスイッチをカチッと切り替えるような感覚が、私はとても好きでした。

今、いろいろな顔を持つ自分をカチッ、カチッと切り替えることができているのも、ものまねをして「その人になりきる」のと同じような感覚でやっている気がします。瞬間的に自分を切り替える技術が、セルフコントロールにこんなに役に立つとはそのころはまったく思いもしなかったことです。

さて、私の自己紹介はこのくらいにして、この本の内容に移りましょう。

「人生から嫌なことをなくしてしまおう！」

これが本書のテーマです。

私は今、嫌なことが一つもありません。嫌いな人もいません。

（面倒臭いな、と思うことはありますが……）

ウソでしょ！　と思われるかもしれませんが、本当にないのです。

「誰でもこうしようと思えばできるんだよ」

と私が言いますと、たいていの人は、

「それは小栗さんが特別なんですよ。順風満帆な人生を送ってきて、成功して、幸せな人生を送ることができているからでしょう」

などと言います。

とんでもないことです。私の人生はけっして順風満帆ではなかったですし、つらいこと、切ないこと、納得がいかないこと、とにかくいろいろありました。そしてそのたびに、愚痴や不満を言ったり、自己嫌悪に駆られたり、人の悪口を言ったり、人に怒りをぶつけたりしていました。

自分を変えたくて、人生を変えたくて、さまざまな本を読み、講演を聴き、セミナーを受けているうちに、ある日ふと気づいたのです。

私が懸命に押し開けようとしているこのドア、じつは引くべきドアだったのではないか、と。

そして、考え方をガラリと一八〇度切り替えてみました。

すると私に何が起きたのか。

嫌なこと、嫌いな人がどんどんなくなっていったのです。

人生が好転し始めたのです。

具体的なことは、ぜひ本文を読んでみてください。


自分の脳内の思考スイッチをカチッと切り替えるだけで、見えてくる景色が変わります。

人生をバラ色に変えるのは、あなたがこれまでのとらわれから自由になるところから始まります。

「そんなの無理に決まっている」とか「できっこない」とかいうような考え方はきれいさっぱり捨ててしまいましょう。

映画やミュージカルが好きだった中学生時代、私は、「いつか、本場ニューヨークのブロードウェイで、ミュージカルが観たいなあ」と夢想していました。同時に、ほとんど同じレベルで、「いつか、自分も世界を舞台に活躍したいなあ」

そんな夢を描いていました。

三〇代前半くらいまでの私の生活には、そんな夢がかないそうな気配は微塵《みじん》もありませんでした。

ところが、自分をチェンジしてから、夢へのドアが一つ、また一つと開くようになりました。

一九九九年、憧れていたニューヨークで暮らすことができ、ブロードウェイに何度も足を運んで、本場の舞台を堪能することができました。

二〇〇〇年、NADA（全米自動車販売店協会）のアカデミーを受講し、アメリカ有数の自動車ディーラーのトップと知己を得ることができました。

二〇一三年、アカデミー賞授賞式とそのパーティに招待され、ハリウッドの著名な映画監督やトップスターと交流することができました。

二〇一五年一月には『OGURHYTHM』がシンガポールでベストセラーとなり、二〇一六年三月には同書がニューヨークでもベストセラーとなり、それぞれ現地で記念サイン会の場を設けていただき、多くの読者の方とお会いすることができました。

夢のまた夢であった中学生のころの、「世界を舞台に活躍する」という望みを、一歩ずつ実現させることができているという実感があります。

今は、二〇一九年に、テノール歌手として、ニューヨークのカーネギーホールのステージに立つことが私の直近の目標です。


自分のやりたいことが何かわからなかったら、自分は何に憧れているのかを考えてみてください。ヒントはそこにあります。

そして、自分がこうありたいという目標の達成予定日を決めて、その年月日をカレンダーに入れて、今とその日をつなぐ道筋をつけていくこと。

そこに向かって、日々行動を続けること。

絶対に自分さえよければいいと思ってはいけません。自分の成功は、自分の力で切り拓いているんだなどと思い上がらないこと。自信を持つことと、謙虚であることは矛盾しません。自信はつけても、謙虚さは失うな、です。

あなたは、いつも誰かに助けてもらっているのです。つねに、滅私の気持ちで、人のために行動してみてください。

必ず、想いは実現するはずです。

私が人生のバイブルにしてきたオグ・マンディーノの『地上最強の商人』という本があります。この本からたくさんの導きを得てきたのですが、「今日、私は自分の価値を百倍にする」というところに、こんなことが書かれています。

今日、私は昨日より一段優《まさ》った業績を残す。今日、私は全力を尽くして、今日の山を登る。しかし、明日は、今日よりも高く登ろう。そして、その次の日はさらに高く……。

私はもはや、他人を競争相手としない。私の競争相手は、私自身である。私は、私自身の残してきた業績を越えていくのである。


そうやって毎日ベストを尽くしながら、今と夢とをつないでいくのです。

たった一秒で、あなたの人生は好転します。

この本を手に取ってここまで読んできたあなたの前には、すでに新しいバラ色の人生が始まっています。

なんだかもうワクワクしてきませんか？

あなたの幸せと成功を心から願っています。

一秒宝　目次

第1章▼自由になろう

第2章▼時間感覚をみがく

第3章▼心のブレをなくすマイルール

第4章▼「上げる」技術

第5章▼人生は舞台、あなたが主役

装幀　秦浩司（hatagram）
編集協力　阿部久美子
DTP　美創

第1章

自由になろう

▼「嫌」はあなたの心が生んでいる

「これから五分間、何を考えてもいいですが、『ピンクのクマ』のことだけは絶対に考えないでください」

これはちょっとした心理テストの一つですが、こう言われるとみんなピンクのクマのことが気になってたまらなくなるといいます。

確かに気になりますね。ぬいぐるみ？　キャラクターグッズ？　この地球上のどこかにピンクのクマが生息している可能性がないこともないなあ……。ピンクのクマのことなんて、これまでの人生で一度たりとも考えたことのなかった人でも、いろいろ思いをめぐらしたくなります。

人間の脳というのは、「考えてはいけない」と言われると、かえってそのことを考えずにはいられなくなる習性を持っていて、頭から追い出そうとすればするほど、むしろそのことを考える頻度が上がってしまうらしいのです。

「ダイエット中だから食べてはいけない」と思うと、ますます食べたくなってしまうのも、「この人を好きになってはいけない」と思えば思うほど惹かれる気持ちが募るのも、脳のこの習性が働いてしまうせいだそうです。


この心理テストには続きがあります。

五分後、「ピンクのクマのことは考えなかったでしょうね？」と聞かれます。

考えずにはいられなくなった、頭から離れなくなってしまったと答えると、一つの問いかけをされます。

「では、あなたが今、気になってどうしようもないそのピンクのクマは、いったいどこにいますか？」

それは、その人の頭の中にしか存在していません。自分で勝手にそのことを考えずにはいられなくなり、勝手にイメージを膨らませ、勝手に「ピンクのクマ」という妄想にとらわれてしまっているだけなのです。

「嫌なこと」も、「嫌いな人」も、じつはこれと同じです。

あなたが実際に直面しているのは、「やらなければならないこと」や、「コミュニケーションをとる必要のある人」です。そこに自分で勝手に「嫌い」とか「苦手」というレッテルを貼り、「嫌だな、嫌だな」という気分を増幅させてしまっているのです。

そのとらわれから自分を解き放てば、「嫌なこと」も「嫌いな人」もなくなるのです。

自分の中に湧くネガティブな感情を手放すコツを身につければ、ストレスフルな毎日から抜け出すことができます。この章ではそういう話をしていきましょう。

▼

「嫌なこと」も「嫌いな人」も、
あなたの頭の中にしか
存在していない。

（自分で勝手に「苦手」というレッテルを貼って、
それに縛られてはいけない。）

▼魔法の言葉「明元楽笑大」の心得

私にはいろいろな肩書きがありますが、ビジネスの社会では自動車を中心とした多岐にわたる仕事に従事しています。グループ会社全体での社員は現在約五二〇〇人、オグリズム（私の流儀とかリズムなど独自のイズムのこと）を日ごろからいろいろ説いていますが、その一つに登録商標として使っている言葉があります。

ポイントは五つ。

①明るく
②元気に
③楽しく
④笑顔で
⑤大きな声で

それぞれの最初の漢字をとって、「明元楽笑大《めいげんらくしょうだい》」と覚えてもらうようにしています。

しかし、接客時にこれができるのは当たり前のことです。私が求めているのは、接客対応のときだけでなく、社内の会議のときや日常のコミュニケーションでも、つねに明るく、元気に、楽しそうに、笑顔で、大きな声を出して行動すること。「つねにポジティブパーソンであれ」ということです。

明るく元気で笑顔でいると、雰囲気がなごみます。その逆は、暗くどんよりとした雰囲気。人がどちらを楽しいと感じるかは明白です（ただし、厳しい会議のときは別ですけどね）。

どんなときも、たとえどんなお客さまであっても、自分の個人的なマイナス感情を露わにすることなく、穏やかに対応するのが接客のプロというものです。お客さまの前ではそれができても、会社の仲間や家族にできなければ意味はありません。

お客さまの前では格別愛想がいいのに、ふだんは仏頂面、それっておかしいではありませんか。やろうとすればできるのに、やっていないというのは、手を抜いているということです。もっと言えば、今という一瞬に全力を尽くしていない姿だということにもなります。

別に、かしこまる必要はないのです。単にポジティブであればいい、それだけです。

つねに「ポジティブ」であれ。

できるのにやっていないのは、
今という一瞬に全力を尽くしていないから。

▼「思う」ではなく「実行する」ことでスイッチが入る

大事なのは、そういう自分になろうと「思う」のではなく、「実行する」ことです。そうふるまうこと。なぜなら、気分というのは行動に連動し、すべて脳が支配するからです。

例えば、マナー研修などで笑顔の練習というと、ペンや割り箸を横にくわえて口角を上げるといったことをしますが、あの割り箸をくわえた顔で、怒ることができますか？　仏頂面ができますか？

できないんですよ。ずっと笑顔でいたら不機嫌な表情になりようがないのです。

笑顔を続けていると、脳内でドーパミンの分泌が活発になり、気持ちが明るく、軽やかになっていきます。楽しいから笑うわけではなくても、笑顔をつくることで、楽しいという感覚のスイッチが入るのです。

落ち込んでいるときも、うつむいてしょんぼりしているとますます気分が滅入りますが、無理してでも笑顔をつくって、前を向き、明るく大きな声を出していると、だんだん力がみなぎってきます。自分でも「あれっ、いつのまにか本当に元気が出てきている」ということになるんですね。

それだけではありません。割り箸を横にくわえて笑顔をつくってマンガを読んだときと、割り箸を縦にストローのようにくわえて唇をすぼめた表情をして読んだときとでは、笑顔のときのほうがおもしろいと感じやすい、という実験データがあるのだそうです。

つまり、同じ状況でも、笑顔をつくっているときのほうが、つまらないと思うことが少なくなるということです。

「笑う門には福来《きた》る」という諺《ことわざ》がありますが、笑って明るく過ごしている家には福が自然とやってくるというのは、どうやら脳科学的にも正しいことだと言えるようです。

楽しくないとき、元気のないときこそ、笑顔をつくることがターンオーバー。周りの人たちとのコミュニケーションをよくするためにも、あなた自身の幸せ度を上げていくためにも、笑顔。ぜひ、「明元楽笑大」を意識してやってみてください。

▼

落ち込んでいるときこそ、笑顔で明るく大きな声を。

（つくった笑顔でも、いつのまにか本当に元気が出てくる。）

▼人生に嫌なことは一つもない

私は「人生に嫌なことなど一つもない」とあちこちで言っています。

これは言い換えれば、「自分に起きているすべてのことを肯定的に受け入れる」ということになります。

昔から、私は本を読んだり人から話を聞いたりして心に響いたことは、すぐに取り入れ、実践することにしています。これも、きっかけは本で出合った言葉でした。

受け入れるのがとてもつらい出来事があったとき、読んでいたある本に、「起きていることはすべて必然、必要であり、ベストなのだ」ということが書かれていたのです。

いいことも悪いことも、すべて必然性があり、起こるべくして起きている。不愉快な出来事にも、つらくて受け入れがたいようなことにも、すべて意味がある。どういう意味かというと、その人が人間として成長していくために必要なこととして、然《しか》るべきタイミングで起きているのだ。だから、どんなこともすべて自分にとっていいことだと捉えて、そのことに感謝しなさい、というものでした。

読んで、胸がザワザワしました。私にとってとてもショックなことがあったばかりだったので、「こんなことも必然だと受け入れなきゃいけないんだろうか。これが、いいことだと思える日が来るんだろうか」という気持ちも湧いたのですが、同時に、こういうものの考え方ができるようになったら、もっと視野が広がって人間的に大きくなれるという気がしたんですね。

私は早速、思考習慣を変えてみることにしました。

気持ちを切り替えればいいだけなのですが、じつはこれが難しいのです。

自分の身に起きているさまざまなことを、素直に、謙虚に受け入れようとするのですが、「どうしてだ？」と腹が立つこともあります。悲しくてたまらないこともあります。「これは必然なのだ」「自分にとって意味のあること、大切なことを教えてくれているのだ」と、つとめて冷静に受けとめようとするのですが、なかなか肯定的な気持ちになれない。ましてやそのことに感謝するなんて、なかなかできないわけです。今振り返って考えてみると、そのころは理性よりも感情が勝ってしまうところがあったんだと思います。

「どうしたら、すべていいことだと捉えて、感謝の気持ちを持てるようになるだろうか」

いろいろ考えあぐねた私の脳裏に、ふとあることが浮かびました。

「いっそ、先に感謝してみたらどうだろう?」

いいことも悪いことも、起こるべくして起きている。

（すべて自分の成長に必要なものと考える。）

▼たった一言で人生が好転する「ありがとうございます」

そのキーワードが「ようこそ」と「おかげさまで」です。

起きたことに対していろいろ考えて、感謝しようとするのではなくて、「ようこそ」と笑顔で歓迎する気持ちで受け入れ、「おかげさまで」と感謝する、そういう姿勢で向き合おうとすれば、どんなこともっとすんなり受け入れられるのではないかと考えたのです。

お客さんが来られると、「いらっしゃいませ」と言いますよね。「ようこそお越しくださいました、ありがとうございます」という歓迎の気持ちをあらわす言葉です。面会する前に、感謝の意を示しているわけです。あの精神だ、と思いました。

「おかげさまで」というのも、日本人の精神性に深く根付いている言葉です。何かをしてもらったというわけでなくても、自然に「おかげさまで」と言います。

もともとこの言葉は、「神仏など、目には見えないもののご加護、力添えに感謝する」という意味を持っています。今ではあまり信心とは関係なく、感謝の気持ちをあらわす言葉として、どちらかというとコミュニケーションを円滑にするための枕詞のように用いられています。

でも、謙虚さがないと言えないんですよ、「おかげさまで」という言葉は。自己中心的な見方、「世界は俺様でまわっている」的な考え方しかできない人だと「おかげさまで」と考えることができない。他者の力に支えられ、助けられているという意識と謙虚さがあるからこそ言えるのです。

この「ようこそ」と「おかげさまで」の精神は、「嫌」という感情を自分の中から消すのに、とても効果的です。

いらつくことも、へこむことも、とにかく「ようこそ」と受けとめるのです。そして、そういうことがあったおかげで、「自分の経験値を上げることができる」「反面教師にできる」「成長させてもらえる」と考えます。

例えば、いつも嫌みな感じで細かいことばかり指摘する先輩がいて、あなたはいろいろ言われて傷ついたり、へこんだりしているとします。

それによってあなたは、「ああいう言い方は逆効果だ、むしろやる気がなくなる」ということを知ることができた。その先輩が悪い例を提示してくれたおかげで、「自分が先輩の立場になったら、絶対にああいうことはしないでおこう」ということを教えてもらえたと受けとめるわけです。

周囲にそういったネガティブパンチを繰り出す人がたくさんいればいるほど、あなたは賢くなることができる。まさに「おかげさまで」なんです。

「おかげさまで」よりさらにはっきり感謝の念をあらわす言葉が「ありがとう」です。

嫌みで口うるさい先輩に対して「おかげさまで」と心の中で思うだけでなく、「ご指摘ありがとうございます。勉強になります！」

と素直に言えたら、素晴らしい。最高のカウンターアタックです。きっと先輩との関係性が今までとは変わります。

よく、「ありがとう」という言葉を頻繁《ひんぱん》に口に出していると、人生が好転するといいます。それは、身のまわりのさまざまなことに対して感謝の気持ちが持てるようになることで、物事や相手と向き合う姿勢が変わるからだと思います。だから、流れが変わる。人生が今までと違う方向にひらかれていく。

魔法の呪文というわけではなくて、言葉が自分自身の意識を変え、行動を変えるから、立ち位置も変わるのです。

ネガティブパンチを
繰り出す人がいればいるほど、
あなたは賢くなれる。

「ご指摘ありがとうございます」の一言は、
最高のカウンターアタック。

嫌いな人をつくらない

さて、人に対してはどうでしょうか。

「嫌いな人をつくらない」

これが一番です。

もちろん、これは仕事や、さまざまな人付き合いのうえで、関わらなければならない人との関係の場合です。

私は、個人的な付き合いというのは、好きな人とだけ付き合い、嫌いな人とは関わらなくていいと思っています。そうでないとストレスがたまりますから。しかし、仕事の付き合いをはじめ、ご近所付き合い、ママ友やＰＴＡや教育委員会の仕事など、社会的にうまくコミュニケーションをとって付き合っていく必要のある人間関係の場合は違います。

その中で「この人は好き」と片寄ってしまうと、逆に「嫌だな」「苦手だな」という人もできてしまうもの。好きもなければ、嫌いもない、個人的にそういう好悪の感情を持たないように、どの人ともフラットに、適度な距離感を保って付き合うのがいいと思います。

そうはいっても、なんとなく虫が好かない、相性があまりよくないという相手もいます。そういう人と仕事で関わるようなときには、その人の人間性と、意見とを切り離して捉えるのがポイントです。

ある人が、会議で意見を出した。その意見がいいものかどうかの判断が、相手を好きか嫌いかで変わってしまうのはおかしいことですね。たとえ虫の好かない人の意見であっても、筋が通っていて正しいと思われるものならば賛同するという、心の広い姿勢が望ましいわけです。

つまり、その人の性格だとか人間性に対する好き嫌いではなく、言っていること、やっていることで判断する。これは、大変に大人の対応のできる人ということになります。

たとえ積年のライバル関係にある相手でも、その主張が会社のため、社会のためになると思ったら手を組む、そういう発想ができたらじつにカッコいいですよね。

相手の人間性と意見は別物。

虫の好かない人の意見でも、
正しいと思ったら賛同するのがその人の器の大きさ。

苦手な人と上手に付き合う三つのコツ

「嫌いとは言わないけれど、苦手」な人というのもいます。

プレッシャーをかけまくる怖〜い上司、マイペースで、仲間が困っていても協力しようとしない同僚、ジェネレーションギャップを感じる言動で理解不能な後輩、パワハラ、モラハラぎりぎりの言動が多い得意先の担当者……いずれもストレス材料になりますね。

本当は「苦手意識を持たない」ことがいいのですが、一度自分の中に刷り込まれてしまうと、なかなか払拭できません。こういう人たちとの関係を変えていくには、どうしたらいいでしょうか。

一つ目は、その人の「いいところを見つける」こと。

意外な特技があるとか、こんなことに詳しいとか、今まで知らなかった別の面にフォーカスするのです。

なかなか探せない場合は、あなたが苦手と感じているところを裏返して見てみましょう。長所と短所は表裏一体ですから、ある面からは短所に見えることも、違う視点から見たら長所になります。優柔不断な人は慎重で思慮深いと言えますし、鈍い人は些細なことに動じない強さがあると言えます。

相手のいいところを発見することができたら、そのいい面に注目して「褒める」こと。これが二つ目。

「あなたのこんないいところを、私は認めています」という意思表示をするのです。褒めるというのは、基本的に相手を気持ちよくさせるものです。どう褒めるとその人はうれしいのか、これはけっこうコミュニケーション能力を必要とすることだと思います。

とくに、目上の人をうまく褒めるのは難しいものです。歯の浮くようなお世辞やおべんちゃらは、あまり感じのいいものではありません。

そこで三つ目のコツです。それは「真似る」こと。

「部長のこういうところ、すごいなあと思って尊敬しています。真似させていただいていいですか？」

こう言われて、怒る人はいないでしょう。

真似るとは、学びの基本です。そして、自分と同じしぐさや行動をする人に対して、人は共感を抱きやすいのです。これを「ミラーリング」「ミラー効果」などと言います。シンパシーを感じやすいわけです。

ちょっとした仕事のやり方の工夫とか、言葉遣いとか、真似したいポイントを見つけ出すことができていれば、もうその段階で相手に対する苦手意識はかなり薄れているに違いありません。

苦手意識というのは、どう接したらいいかよくわからないために、相手を無意識に遠ざけようとする心の働きです。

逃げるのではなく、近づいてみてその人を知ろうとすることで、関係を変えられることがほとんどです。

「いいところを見つける」「褒める」「真似る」――。この三つは、苦手な人だけでなく、誰かとの距離を縮めるときのコミュニケーション術として、活用できると思います。

逃げるのではなく、近づいて相手を理解する。

（仕事のやり方や言葉遣いなど真似したいポイントを探していけば、苦手意識は薄れていく。）

▼必ず出席しなければならない憂鬱な会議への対策

「会議が憂鬱だ」「出たくないなあ」とぼやく人、多いですね。

「嫌だな」と思うのは、誰でもあることです。しかしその感情をそのままにしておくと、「嫌」の度合いはどんどん膨らんでしまいます。それこそ「ピンクのクマ」かもしれませんよ。

感情的なものを取り払って、ここは一つ理性的に考えてみましょう。

そもそも、その会議に「出たくない」と言ったら、出ないで済むという選択肢はあるのでしょうか。

たぶん、ないでしょうね。

組織の一員として今の立場にある限り、必ず出席しなければならない会議に対して、ウダウダ言うのは時間の無駄です。あなたは「出るしかない」のです。

ならば、どういう出方をするか。考えるべきはそっちです。「なぜ憂鬱になるのか」を自己分析して、「どうしたら嫌でなくなるか」を考える。憂鬱の要因をなくす手立てを考えることにこそ、時間を費やすべきなのです。

「ピンクのクマ」は何でしょうか。
いったい何が嫌なのでしょうか。
営業成績がよくないことを責められるから？
意見やアイデアに自信が持てないから？
つまらない会議に貴重な時間を取られてしまうから？

営業成績が悪いなど、結果を出せていないことが原因であるなら、そもそも問題は目標を達成できなかったあなた自身にあるわけです。最初から、「今日は怒られる日」と覚悟を決めて会議に出ればいいんです。潔く怒られましょう。
うつむいて「すみません、じつは……」とぼそぼそ言い訳をするのは、あまり賢明な怒られ方とは言えません。

実績がよくないなりに、今の自分ができていることとできていないことを分析し、できていないことを「来月の目標にします」と言って具体的な対応策を出します。それについてもいろいろ言われるでしょうが、素直に聞く。それらの指摘を受け入れる。耳が痛いかもしれませんが、苦言、指摘というのは、挽回に向けてのアドバイスなのです。


入社三年くらいまでの若手社員がよく言うのが、「自信が持てない」という言葉です。

「意見を言え、アイデアを出せと言われても、何を言ったらいいかわからない」

「何か言っても、結局、自分の意見なんかまともに取り合ってもらえない」

「一生懸命練り上げて出したアイデアをぼろくそに言われて、心が折れた」

そうでしょうね、わかりますよ。周りは自分より経験豊富な人たちばかりなのです。そんな中で、みんなから絶賛されるような意見やアイデアがポンポン出せるわけがない。突っ込まれ、ダメ出しされて当たり前です。

「〇〇さん、すごいね。素晴らしいよ」と褒めてもらえることを期待していましたか？　だとしたら、その認識が甘かったということです。

誰だって最初から経験豊富だったわけではありません。みんな、同じように不安だらけのところからスタートして、怒られて、発奮して、少しずつ認めてもらえるように成長しているのです。自信というのはそうやって一歩ずつステップアップすることで、後からついてくるもの。最初から自信なんか持てるはずがない。そう認識を改めてください。

苦言や指摘は、
挽回に向けての愛言。

（誰だって最初から経験豊富だったわけではない。
一歩ずつステップアップして自信をつけよう。）

▼怒られる勇気を持つ

「会議が憂鬱」の根っこには、厳しく指摘されたり叱責《しっせき》されたりすることへの耐性がない、いわば「怒られる覚悟ができていない」という問題があるのかもしれません。

今の若い世代は、学校でもあまり怒られたことがなく、怒られ慣れしていません。きついことを言われるのが怖いし、傷つきたくないという気持ちが強い。怒られることへの怖れや忌避感が強いんじゃないかと思います。

でも、考えてみてください。指摘してもらえるということは、教えてもらっているということです。どこが足りないか、どこに注意したらいいか、自分の考えが及ばないところをもっとよくしていく、成長のための材料や、改善点を教えてもらっているのです。

若いうちは誰でも経験が浅いのですから、できないことがあるのは不思議なことではないんです。しかし、ある程度年齢がいってから、人から叱責されるのはきついですよ。若いうちに、怒られること、指摘されることに慣れて、経験値を上げて、怒られないようにするやり方を早く身につけてしまったほうが、先々ラクです。

嫌なことだという意識を持ちすぎず、スキルを上げていく一つのプロセスだと思えばいいのです。

「起きていることはすべていいこと、自分にとって意味のあること」ですよ。

怒られる勇気を持ちましょう。

上司のきつい叱責やダメ出しを浴びたからといって、自分という人間が全面否定されているように思い込まないことです。

まじめな人ほど、深くショックを受けて、「自分は能力がないんじゃないか」とか「ダメ社員なんだ」などと自分を責めたり、悲観的になってしまったりするのですが、それは考えすぎ。

ただ、求められていた期待値に達することができなかっただけですよ。能力の問題というよりは、「もっとできることがあるのに」「もっとやれるよ！」とのエールなのです。上司はそこを、「もっと努力の余地があるよ」と言っているだけなのです。言い方はそんなに優しくないでしょうけれど。

素直に受けとめて、

「ああ、そうか、そういうところが足りなかったんですね。おかげで一つ勉強させていただきました。ありがとうございます」

と言って、次に活かせばいいのです。

▼

自分に起きていることはすべていいこと、意味のあること。

「自分はダメ社員だ」と悲観することはない。スキルアップのプロセスにすぎないのだから。

思い通りにならないことが、自分を育てている

ネガティブなことはエネルギーになります。いくら自分のためになるんだ、成長するためだといっても、会議の場で怒られるのは嫌なものだと思います。嫌だからこそ、次は怒られないようにしようと思って、努力したり改善したりするわけです。自分をかきたてるエネルギーになるのです。

そういう意味では、「思い通りにならないこと」があるというのは大事なんです。

私は今、オペラの練習に非常に力を入れていますが、これが本当に思い通りにならないのです。私はテノールなのですが、高い音を出せるようにするために、まずからだをつくらないといけない。音域を半音・一音広げるのに、一年、二年かかるというような世界です。ビジネスをやっているときとはまったく違う感覚がいろいろ求められる。

新しい歌を覚えていると、脳のシナプスがどんどん増えているんじゃないかというような刺激を感じています。

一筋縄ではいかないから、つらいけれど楽しいのです。もっともっとエネルギーを注ぎ、「上手《うま》くなりたい」と思うわけです。

思い通りにならないことがいろいろあるほうが、絶対いい人生になります。何でも簡単に思い通りになってしまったら、きっと人生はつまらない。思い通りにならないことがあるから、人生、張り合いが出るのです。

「人生には嫌なことなんかないんだから、今、自分がやるべきことを、とにかく楽しく、全力でやろう」と思っていればいいんじゃないかと思うのです。

なんにせよ、あまり気負わず、楽しくやることですよ。

一筋縄ではいかないからこそ、人生はおもしろい。

（ネガティブなことは自分をかきたてるエネルギーになる。気負わず楽しくいこう。）

第２章

時間感覚をみがく

▼「自分の一生」を紙に書き出してみたら

「今を大切にしよう」とよく言いますが、「今」とはどんな時間を指しているのでしょう。

「今、八時です」

八時〇〇分きっかりを指す場合もあれば、八時近辺をざっくりと指すこともあり、曖昧《あいまい》です。

「今、考えています」

これにも悩まされます。あと数秒待てば答えが返ってくるのか、一時間待たないといけないのか、あるいは今日は答えが出ないのか。

このように、まさにこの一瞬を指すこともあれば、現在進行中の時間をアバウトに意味することもある。「今」という概念そのものが抽象的なうえに、人によってそれぞれ感覚が違うので、「今」はなかなか現実的なものとしてつかめません。

それだけに、「今を大切にする」の「今」も、どこか茫洋《ぼうよう》とした感じになっているように思えます。

私はあるとき、「今とは、この一瞬のことだ、この一秒だ」と自分で決めてしまうことにしました。

きっかけは、「私の一生」とタイトルをつけて、自分の人生について紙に書き出してみたことでした。

八七歳まで生きると仮定して、過去のいろいろな出来事、将来的に「こうなりたい」「こんなことをしたい」という夢やビジョンを盛りだくさんに書きました。ところが、それはA４の紙に三枚で収まってしまったのです。

「俺の人生、文字にしたらたったこれだけ？」

自分としては、けっこう密度の濃い生き方をしていると思っていただけに、ショックでした。

A4三枚の一生で終わりたくない、もっともっと濃密に生きよう。時間をおろそかにせず、一瞬一瞬を大切にしよう。時間に対する感覚をもっと研ぎ澄ませよう。そう心に決めました。

そこから、「この一秒を宝物にする」＝「一秒宝」という発想が湧いてきたのです。

この「一秒宝」はとても大切な言葉なので、商標登録しています。

一秒という単位の時間を六〇倍したのが一分。

三六〇〇倍したのが一時間。

八万六四〇〇倍したのが一日。

私たちは、毎日八万六四〇〇秒を生きているのです。

もし一秒に一つのタスクができるとしたら、一時間で三六〇〇のことができてしまいます。そう考えると、一秒という時間の大切さをものすごく意識するようになります。

以来、私は曖昧な時間表現をしなくなりました。

「一五秒考えさせて」

「三分後にそちらに着きます」

というように、はっきりと時間を刻むようになったのです。

時間に対する緊張感のようなものが明確に変わりました。

Ａ４三枚の人生で終わらせないため、一秒を宝物として生きる。

一秒に一つのタスクができたら、一時間で三六〇〇のことが成し遂げられる。

「一秒では何もできない」と思っていないか？

「一秒なんてあっという間、何もできないよ」と思ったあなた、それは誤解です。

一秒とは、短いようで長い。

例えば、ハツカネズミの心臓は一秒に一〇回脈打っているそうです。ミツバチは、一秒に二〇〇回も羽を羽ばたかせているといいます。

私は高校時代まで水泳をやっていました。競泳は、一〇〇分の一秒のタイムの差に泣いたり笑ったりする世界です。一音節歌うのに一秒もかかりません。一秒縮めるためには、大変な努力がいります。ですから、一秒の重みはけっこう感じているほうでした。

自動ドアの前に立ったとき、センサーの具合でドアがパッと開かないと、ひどく待たされた気がします。しかし、実際にはほんの一秒のことでしかありません。

ホスピタリティの行き届いた店で、すっと椅子を引いて座りやすくしてくれる間合い、笑顔で「どうぞ」とおしぼりを渡してくれる間合いなどには、絶妙のものがあります。あのもてなしの心地よさは、一秒のタイミングを見計らってくれているから生まれるものです。

この「どうぞ」の一言と共にできる一秒の気遣いにはいろいろあります。

エレベーターの乗り降りのときに、軽くドアを押さえて待つ。出入り口でかち合ってしまったときに、相手に先を譲る。

さらに、スマートフォンの普及が、一秒でできることを格段に増やしてくれました。ウェブページの「いいね！」を押すだけで、誰かに賛同したり、誰かを元気づけたりできる。一秒で、指一本のタッチだけで、人を喜ばせることができているわけです。

ＬＩＮＥのスタンプという発想によって、一秒で送れるメッセージのあり方も非常に多彩になりました。あなたも、家族や友人との間で日々たくさんの一秒メッセージをやりとりしていることでしょう。私たちは、かつてないかたちで一秒を活かし、一秒を楽しめるようになっているのです。

一秒で、指一本のタッチで、人を喜ばせることができる。

スマホやネットをうまく使い、一秒の重みを感じながら、一秒を活かし楽しもう。

▼スピード感はコミュニケーションのマナー

世の中がこれだけスピードアップして、何事も迅速に対応することが求められるようになった今、クイック・レスポンスはコミュニケーションにおける大事なマナーになっていると私は思います。

私は業務連絡にもＬＩＮＥを活用していますが、既読でもなかなか返信がないことがあります。返事をするために考える時間や確認することが必要だったら、「ちょっと確認しますので、少々お待ちください」といったん返してから考えるなり確認するなりすればいいのです。

人と会って話をしているときに、「これについて、あなたはいかがですか？」と聞かれているのにずっと黙っていたら、相手に対して失礼です。ＬＩＮＥで返信がない状態というのは、それと同じことだと考えればいいでしょう。

マナーというのは、意識して身につけようとしないと身につかないものです。

私は名古屋市教育委員会の教育委員を務めているのですが、教育委員会の場でも、子どものスマホ問題について議論になることがあります。ＳＮＳなどは禁止したほうがいいという意見の方もいます。

ここまでスマホが人口に膾炙《かいしゃ》し、ＳＮＳによるコミュニケーションが一般的になっているからには、それを子どもに使わせないという方向性よりは、「こういうときはどうしたらいいか」「どうすることがよいマナーなのか」という正しい使い方を教えるほうがいい、と考えています。

もちろん既に使用時間や子どもが見られる範囲を決めてルールづくりをしているところもありますが、礼儀作法というのは、家庭や学校で教えて、生活習慣にしていくことが大切です。今やスマホやＳＮＳはコミュニケーションの大事なツールになっているのですから、こういう社会のありように即した作法の一環として、現実的で実用的な指導に取り組むべきでしょう。問題なのは、やっていいこと、悪いことの区別を知らずに使うことなのです。

電話もメールもそうですが、かけてこられた方、送ってこられた方を思い、少しでもお待たせしないようにするというのはマナーの一環です。

「そんなにすばやく対応できるわけがない」という心持ちでいる人は、なかなか即応できません。これはマナーだからという意識を持ち、つねに心がけていると、それほど難しいことではありません。みんなさっと対応できるようになります。

そればかりか、電話が鳴る直前に「あっ、かかってくる」という気配がわかるようになり、非常にすばやく動くことができるようになります。

スピード感覚を意識していると、反射神経も鍛えられます。

相手を待たせないのは、グローバルマナー。

スピード感覚を意識するようにすれば、電話が鳴る直前にかかってくる気配もわかる。

▼「時間泥棒」にならないための仕事の流儀

時間意識をみがくことは、人を大切にする気持ちをどれだけ持てているかということと深く関係していると私は思っています。

人間は一人で生きているわけではありません。社会の中にいます。

仕事もまた、自分一人でやっているものではありません。必ず誰かと絡み、つながっています。

時間の感覚にルーズで、遅刻が多いとか、仕事を予定の時間内で終わらせることができないとかいうことがよくあると、それは関わっているたくさんの人に迷惑をかけることになります。つまりは、その人たちの時間をあなたが奪っている、「時間泥棒」をしているということです。

自分の時間が奪われたときのことを考えてみましょう。予定がいろいろ狂ってしまいます。それに伴って迷惑をかけてしまう人もいます。イライラしますよね。ネガティブな感情が芽生えます。

時間泥棒のクセのある人は、要するに愛がない、他者への配慮が薄いのです。

自分を軸にして時間を捉えるのではなく、つねに「他の人にとってどうなのか」という視点を持って考えることが重要なのです。

私は会社で、「私に提出する書類には、日付だけでなく作成時間を必ず入れてください」と頼んでいます。何時何分に作成したものか、わかるようにしてほしいということです。

朝、私が社長室に入ると、「要決裁等」の書類がドーンと積まれています。どれも私の決裁待ち案件です。口頭で説明したい、報告がある、指示を仰ぎたいと、書類を持ってやってくる役員たちがいます。

これらの決裁をできるだけ滞らせないようにするため、私は、書類に書かれている作成時間の早いものや重要案件からどんどん処理していきます。

高能率の仕事術として、よく「優先順位の高いものからやる」と言う人がいます。そのとおりなのですが、それは仕事の内容によりけりです。

決裁を求められていることに対して、どれが優先順位の高い案件、どれが低い案件、と優劣をつけることはできません。些細なことも、大口取引案件も、それを上げてきた社員にとっては、早く決裁してほしい仕事に変わりはないからです。だから、そこに優先順位をつけないでできるだけ、時間順に処理していきます。

基本、即断即決です。即決できないときには、「一五秒だけ考えさせて」というように秒単位で時間を区切って考えます。

社員の時間泥棒にならないようにするための、私の仕事の流儀です。

時間は自分を軸にしてはいけない。
「他の人にとってどうか」を考える。

即決できないときは、「〇秒考えさせて」と
秒単位で時間を区切って考える。

▼即断即決はトレーニングで身につけられる

もっと時間意識を研ぎ澄ませ、スピードを意識した仕事の仕方ができるようになりたいという人は、仕事だけで考えるよりも、生活のさまざまな面で「速さ」を意識してみることです。

例えば、早足で歩く。

早口で話す。

速読や速聴の練習をする。

からだを速いテンポに慣らしていくのです。

速読や速聴の練習をすると、どんどん速く読めるようになったり、高速音声を聞き取れるようになったりすることで、自分の頭の回転が速くなったように感じられます。

これ、けっこう爽快です。

自然と、話し方も速くなります。

「読む、聞く、話す」が速くなると、短時間でインプット、アウトプットできる量が増える。速くなると同時に、時間当たりの情報処理能力が上がります。

おもしろいことに、歩くペースも速くなっていくんですね。日常の動作もきびきびしてくる。行動全般が変わる。

モードチェンジができると、物事に対する姿勢も変わってきます。

ポイントは、「速くしなきゃ、速くしなきゃ」と考えて、自分自身を焦らせないことでしょうか。焦るというのは気持ちが急くばかりで、実際にはあまりスピードアップになりません。かえって判断ミスが生じやすくなります。

必要なのは、自分にへんにストレスをかけずに、楽しい気持ちでスピードを意識できるようにすることです。

私の場合、つねに「どうしたら、より速く効率化できるか」という意識を持ちながら、速く行動することをゲームのようにして楽しんでいます。

例えば、目的地に行くためにはどのルートが速いか。ふだん移動は車で、運転は専属のドライバーに任せています。彼と、どのルートが速いかという相談をする。知恵を出した結果、当初の予定よりも短い時間で着くことができたときは、「エクセレント！ 速いね、このルート正解だったね！」とドライバーに拍手してしまいます。

エスカレーターを利用するか、階段を使うかの選択も、一つの勝負どころだと思っています。エスカレーターが混みぎみだったら、階段をバーッと駆け下ります。その結果エスカレーターを使うよりも速かったら、「よかった！」という気がして爽快なのです。

それほど急がなくてはいけない理由はありません。時間に追われてやっているわけではなく、いつでも「効率的なのはどのルートか？」「より時間を稼げるのはどっちだ？」と考えるのが習慣になっているのです。

「いい年をした大人が……」と笑う方もいるかもしれませんが、こういうことも即断即決のための日常的トレーニングになっているのです。状況のどこに注意を向けたらいいか、今できるベストな判断はどれか、ということを考える練習になっているからです。

こんなふうに、自分自身をみがくことをいろいろゲーム化して楽しんでしまう。そうすると、ストレスフリーで鍛えていくことができます。

からだを速いテンポに慣らせば、行動全般が変わる。

「読む、聞く、話す」が速くなると、情報処理能力が格段に上がる。ゲーム化して、楽しく自分をみがこう。

脳をマルチに強く鍛える方法

私はマルチタスク型が向いているタイプのようで、複数のことを同時にやるのが好きです。

例えば、朝の通勤時は、車の中でテレビをつけ、耳でその音声を聞きながら、新聞を読みます。七紙に目を通すので、一紙三分、計二一分というのが日課です。ニュースは今、ネットでどんどん飛び込んできます。もちろん朝一番、五時半ごろにはニュースをチェックしていますが、新聞各紙に目を通すのは、ニュースに対する各紙のトーンを見比べるのが主な目的です。

その合間にスマホをチェックしてＬＩＮＥやメールで連絡を取る。

そして、「今日はこの新聞のこの記事をじっくり読もう」とか、「今日は取締役会や他の会合があるから、資料を事前に読んでおこう」と、その日の予定に必要なことを予習しておきます。

また、その体勢で楽譜を覚えながら、発声練習をすることが頻繁にあります。ジムに行ったときは、ランニングマシーンで走りながら、テレビをつけてニュースを見つつ、イヤホンで音楽を流して歌詞や音程を確認するといったことをします。からだを鍛えるだけでなく、五感をフル活用して、情報収集したり、音感をみがいたりして、限られた時間を目いっぱい使い尽くすのです。

「そんなに三つも四つものことを同時にやりながら、よく頭に入ってきますね」と不思議がられることもあるのですが、同時にいろいろやっているほうが自分の頭が活性化しているのを感じ、気持ちよく集中できるのです。

つねにこういうことをやっていることで、自分でも気づかないうちに脳がマルチに強いように鍛えられているのかもしれません。

社員教育のセミナーで、複数の人が同時に違う話をしているのを、どれだけ聞き取れるかというトレーニングをすることがあります。

一人が聞き手になり、椅子に座ります。その周囲で、五人の話し手がそれぞれ違うテーマで同時に話をします。一分間話してもらった後、聞き手に五人の話をどの程度聞き取れたか尋ねます。最初は、たいていの人が声とテーマが混じり合って、ほとんど聞き取れないと言います。

次に、話し手を三人にし、先ほどとは違うテーマで話してもらいます。聞き手は変わりません。一度経験していると耳が慣れてくることもあって、ところどころ話がわかると言うようになります。

三度目に、話し手三人に話のキーワードになる部分を大きな声で強調するように頼んで、話してもらいます。すると聞き手は、キーワードが手がかりになって、三人の話の要点がつかめるようになります。

三回やっただけでも聞き分ける能力というのはどんどんひらかれてくるものなのです。これは複数の人の話を聞き取るというトレーニングですが、人の話を聞くときに、どういうところに意識を集中させるといいのかというコツも呑み込めるようになります。

こういった練習を毎日続けていたら、あなたの潜在的な能力はどんどんみがかれていくはずです。

ジムで鍛えられるのはからだだけと思っていないか？

（視覚、聴覚をフル活用して、限られた時間でも楽しみながら活用する。）

▼一分で必ず伝わる話し方とは？

「一分で話してください」

会議のとき、私はよく言います。

ダラダラ話は会議をダレさせ、つまらなくする元凶だからです。無駄に長い話が続くと、出席している人たちの時間泥棒にもなります。

一分＝六〇秒という時間で、自分はどれだけのことを話せるか、あなたは把握できていますか？

時計やタイマーを使って、実際に時間を計りながら、六〇秒以内で話をする練習をして、自分の中に六〇秒の感覚を植えつけてください。

こういう話をすると、若い世代は自分のビジネススキルを上げようと、すぐにやる人が多いのです。

そのあたりの向上心が薄いのが、じつはマネジメント層です。

立場が高くなり、いろいろなところで話をする機会が多いはずですから、いっそう必要なスキルだと思われるのですが、経験豊富でそれなりの立場にある自分の話は、とても意味のある話だ、と思い込みがちなところがあるのです。実際には、みんなが苦言を呈せなくなっているだけだと思うのですが。

最近、私は一つのパターンに気がつきました。会議で自分の話す番が来たときに、さっと時計やスマホを見て時間を確認している人は、六〇秒感覚をみがいている人。チラリとも時計を見ない人は、「一分で話して」という私の言葉を、なんとなく短くしろと言われているくらいにしか思っていない、六〇秒の話し方を考えていない人。

この予測は、かなり当たります。

六〇秒以内でコンパクトに話をまとめるには、話し方にコツがあります。

①まず、結論を言う。

②次に、その理由や根拠。

③そして、具体論。

最初に、この発言で、自分は何を伝えようとしているかを簡潔に話します。その後に、どうしてそう考えるのかという理由、根拠を話す。これの長さによっては、③の具体論まで話せないでしょう。しかし肝心なことは①と②で話していますから、要点は伝わります。

そこで、「もう少し詳しく聞かせてくれ」と言われたら、③の話をすればいいわけです。

まず結論を言うという人は、仕事のできる人が多いです。ところが、そこから具体論になってしまって、話が間延びするケースが多いのです。細かい話は最後。時間がなくなって話すのをやめたとしても支障がないようなことは、後回しが基本です。

簡潔な話し方で大事なのは、全体像がわかるということです。確かに一分で終わったけれど、部分的な話に終始していて、全体が見えないというのでは困るわけです。

忘れてはいけないのは、「自分が何を言いたいか」ではなく、「相手は何を知りたいのか」という視点です。

その会議は、何を目的とするものなのか。誰に、何を伝えるべき会議なのか。それによって、話の内容、質は当然変わります。直属の上司が知りたいことと、取締役が知りたいことは違うのです。その会議のキーパーソンは誰か。その人が知りたいであろうことは何か。そこが見えていない人は、的外れな話をしてしまうのです。

簡潔とは、手短で要点を押さえていることを言います。場の目的に合った話ができなくてはなりません。

▼

「自分が何を言いたいか」ではなく、「相手が何を知りたいのか」。

（会議のキーパーソンを見抜き、その人が知りたいことは何かを考えてから発言する。）

一秒の密度を濃くして生きる

会議の出席者みんなが簡潔にテンポよく発言し、ピリッと引き締まった雰囲気の中で活発に熱い意見が交わされ、大切なことが決定し、予定時間を超過することなくすがすがしく終わる――そんな会議ができたら最高です。

しかし、現実はなかなか難しい。「いろいろな人がいるなあ」と思わされるのが会議です。

私は社内、社外、さまざまな会議に出ます。緊張感があってエネルギッシュな議論ができる会議もあれば、会議資料を読んでいるフリをして居眠りをする人がいるような会議もあります。

ダレた空気の会議には出たくないのですが、立場上、出ないわけにはいかないこともあります。

自分の中で一つ決めていることがあって、どんな種類の会議であっても、その場に身を置いたからには、必ず何か一つでも「自分にとってプラスになった」と言えるものを得て帰ろう、ということです。

そういう意識でいると、くだらない会議なんてなくなります。

むしろ、会議がつまらなければつまらないほど、「この二時間を自分にとって有意義なものにするにはどうしたらいいか」という課題と向き合わなくてはならなくなるからです。

会議は、他の人たちの仕事に対するスタンスや、やり方を知ることのできる絶好のチャンスです。

発言の仕方、プレゼンの仕方、それぞれの個性が出るところです。説得力のある話し方でぐいぐい惹きつける人もいる、いいことを言っているのに、なぜかあまり心に響いてこない人もいる。

議論のたびに、何かというと反対を唱える人もいる。いつも「私も○○さんと同意見で……」と同調してばかりの人もいる。

ファシリテーターとして会議を鮮やかに進め、会議をイキイキさせられる人もいる。権力のある人に何か言われるとおどおどしてしまって、ファシリテーターとしての存在感をまるっきり出せない人もいる。

似たようなミスでも、きつく怒られる人もいれば、あまり厳しいことを言われずに済む人もいる。

いったい何が違うのか。観察眼を働かせて見てみましょう。いいところもよくないところも、みんな参考になります。そして、そういうことから学んだものを自分にどんどん活かしていくのです。

「このことを学べただけでも、この会議に出た意義があったな」という気持ちで会議室を出てくることができるようにするわけです。

同じように会議室にいても、じつは人によって流れている時間密度が違います。会議で見聞きし、知ったこと、味わったことを自分の糧としようとする姿勢の人の二時間と、ただぼんやりとその場にいるだけの人の二時間は、同じ二時間でも時間の密度の濃さが違うのです。

自分がその場にいることにどれだけ意味を持たせられるかは、自分の心がけ次第なのです。

▼

その場に身を置いたからには、プラスになるものを得て帰る。

（会議は、他の人たちの仕事に対するスタンスややり方を学べる絶好のチャンス。観察眼を働かせる。）

▼時間はマインドを切り替えるスイッチ

時間の何を意識するか、いろいろお話ししてきました。

一つ目は、速さ。スピード感。

二つ目は、濃さ。一定時間内の密度を上げる。

この二つは連動していて、速くできるようになることで、時間当たりの処理能力が上がり、実質的に密度の濃い時間を多く持てるようになる。ここまでの話でそれを理解していただけたと思います。

時間意識には、もう一つ大切なことがあります。それが「切り替え」。時間というのは、自分のマインドを切り替えるための、非常に効果的なスイッチだということです。

私は、一分前の自分と、今の自分は違う自分だと考えます。

もっと言えば、一秒前の自分と、今の自分も違う。

時間というものが連綿とつながっていると思うから切り替えられないのであって、一秒の時間の経過と共に、つねに違う自分がそこにいると考えれば、心も切り替えやすくなります。

例えば、先ほども言ったように、私にも「出ても無駄だなぁ」と思う会議はあります。

しかし、その場に一歩足を踏み入れたら、一瞬前の気持ちはもう捨てます。

今、その会議で自分ができることだけを考えます。

そこに心とからだを両方とも置きます。嫌だなと思うのは、からだはそこに置かなくてはいけないけれど、心は別のところにあるという状態です。心もこっちに移動させるのです。

私は、具体的にあるイメージを持っています。

それは、映画の撮影で使うカチンコを鳴らすこと。自分は今、こういう立場の、こういう人間として、こういう役割が求められている。それに全力で向き合おう、と考える。心の中では、

「レディー?……アクション!」

と言う監督の声とカチンコが鳴っています。この監督というのは、もう一人の自分、自分の心の声です。

カチンコが鳴ったからには、自分は最高のパフォーマンスをする。そう思うと、グッとテンションが高まり、モチベーションも上がります。

そうやってその場の自分の役割を果たしています。

「心にカチンコを!」――私がお勧めしたい心の切り替え術です。

▼

いつも心にカチンコを！

ひとたび「アクション！」の声がかかれば、
あなたは主演俳優。最高のパフォーマンスを！

▼「オン」と「オフ」の切り替え、どうする？

仕事中の「オン」の時間と、プライベートの「オフ」の時間、今は切り替え方がどんどん難しくなっています。

ネットで世界中がつながれている今の社会では、現地時間が何時であれ、二四時間連絡可能で、物事が動いています。

ドメスティックな仕事であっても、夜でも早朝でも連絡が入ることがありますし、休日にも何か動きがある。そういう状況が日常的になっています。

「こんな時間に仕事の話か……」「今日は休日なのに……」と捉えているとストレスになります。それよりは、社会全体がスピードアップしたことで、オンとオフの時間の切り替えを細切れにする感覚がより求められるようになったと考えたほうがいいでしょう。

今は自宅でくつろいでいる時間だけれど、「この一〇分だけ仕事モード」とスイッチをオンにして、終わったら再びスイッチをオフにする。ダラダラ引きずらずに、スパッと切り替えるのもその人の能力です。

ふだんは秒刻み、分刻みのスケジュールがかなりタイトに入っているので、飛行機や新幹線での移動時間が私にとっての一番のオフタイムです。

機内や車内では意外とユックリゆったり過ごすようにしていますが、その中でもこまめにオンにオフにスイッチを切り替えています。

例えば、会議の資料を読み、気づいたことを指摘したメールやLINEを飛行機内からWi-Fiを使い、日本にいる役員たちへさっと送り、イヤホンで音楽を聴きながら映画を観て、読みたかった本を読んで、眠たくなったら仮眠をとる。さすがに一秒ごととは言いませんが、数分から十数分ごとにカチ、カチ、カチと自分のモードを切り替えていきます。

そして目的地に着いたら、現地のモードに入る。

そのせいか、私は海外に行っても時差を感じたことがありません。自分が「何時間前にどこにいた」とか、「本来だったら寝ているはずの時間だ」といったことを一切考えないで、その土地の時間で過ごしていると、時差ボケを感じることがないのです。体質的なものかもしれません。あるいは、「時差なんて知るか、そんなもの私の辞書にない」と思っているせいかもしれません。

もちろん、働き詰めはからだによくありません。心身を休める休養は必要です。しかし、これまでの働き方の常識にとらわれて、平日は働く日、休日は休む日と決めつけるのではなく、日常の中でいかに効果的に休息時間を取るかという考え方にシフトしていったほうが、気持ちがラクになるのではないでしょうか。

そういうことも時間管理やこれからの「働き方変革」の一環に入ってくると思います。

自宅でくつろいでいる時間でも、「二〇分だけ仕事モード」にチェンジ。

数分から十数分ごとに時間を区切って、自分のモードを切り替える。

第3章

心のブレをなくすマイルール

▼決断のスピードを上げるマイルールをつくる

決断を迅速にするために私がやっているのが、「マイルール」を持つことです。自分の信念、価値観を、ぼんやりとした「思い」として心の中にだけ置いておくのではなく、具体的な判断の基準、行動の規範として言葉にしておくのです。

現実に起きることというのは、単純ではありません。似たような出来事に対して、つねに同じ判断をすることがいいとは限らない。なぜなら、その背景は毎回異なるからです。置かれている状況、人間関係、時期的なタイミング、さまざまなことが絡まり合って起きている。だから、この場合はどうすることがいいのか、迷ったり悩んだりするのです。

信念に基づいて判断しているつもりでも、人間の心とは揺れるもの。だから、信念とか価値観の軸を決めておく。いわば、自分自身との約束事を決めておくことで、判断や行動を速くし、かつそこに一貫性を持たせることもできるようになります。

人には、言ったからには必ずそれを成し遂げようとする「有言実行」型と、口には出さずにひそかに思いをたぎらせて成し遂げようとする「不言実行」型がありますが、私は完全に前者。「いついつまでに、こうするぞ」と宣言して、その目標に向かってひた走るというやり方をずっとしてきました。

言ってしまうことで自分自身の肚《はら》を決めるという意味もあります。また、その実現に向けて、周囲の人たちにも協力を仰ぎたいという気持ちもあります。

ただ、ルールとはあくまでも原則的な基準です。状況によっては、ルール通りにしていたらまずいことだってあります。どんなときにもルール通りにしなければいけないという考え方は、柔軟性に欠けます。そのときはルールを新しいものに変えるだけのことです。

ルールに則しながら、臨機応変に動けること、それが私のルールの一つです。

この章では、そんな私の「マイルール」を紹介しながら、なぜそうするのかという話をしていくことにしましょう。

人の心は揺れる。
だからこそ、ブレない軸を一本通す。

（目標はどんどん口にしよう。
言ってしまうことで、自身の肚も決まる。）

予定がダブルブッキングしてしまったら？

これは、例えばこういうことです。

若手社員との親睦や情報交換を行うために、年に何回か懇親会を開催する機会があります。既に何月何日と日にちが決まっている。ところが、その日に、立場が上の人からお誘いを受けた。どちらを優先させたらいいか。

一般的に損得勘定で考えたら、自分の得になる後者のお誘いを受けるほうがいいわけです。若手との集いの日取りを変えてもらうようにすればいい。

けれど、私は秘書の方に伝えてもらいます。

「誠に申し訳ありませんが、その日は既に予定が入っております。他の日に変えていただくわけにはいきませんでしょうか？」と。

最初に決めた約束を尊重したいからです。

松下幸之助さんの本の中にそんなことが書いてあったのです。言葉そのものははっきりとは覚えていないのですが、自分が先にこうと決めた約束は尊重して優先すべきだという内容だったと記憶しています。

もう一つ、私の流儀であるオグリズムには「人の扱いに差をつけない」というものがあります。立場が上の人・そうではない人、大きな組織の人・そうではない人、そういうところで人を値踏みするようなことはできるだけ考えない、という意味です。

私が、その後者の自分の得になるような人からのお誘いを重視して、若手社員との懇親の日取りをずらしたら、それは人の扱いに軽重をつけることになってしまいます。

原則的に、先にした約束を重視する——そう心に決めてしまえば、予定が重なってしまったときに毎回「どちらを優先するべきか」と迷ったり、予定を二転三転させたりすることもなくて済みます。

ただし、これにも例外があります。例えば、大勢の人が関わっていて、変更するとなると日程調整が大変になってしまうような場合、私の予定を変更すればいいだけのことが先に入っていたら、たくさんの人が関わっているほうを重視します。自分の価値観を大事にしすぎて、人に迷惑をかけるようなことがあっては本末転倒だと思っています。

最初に決めた約束を大切にしよう。

（立場が上の人とそうではない人を比べて、値踏みするようなことをしてはいけない。）

自分の感情に支配されてはいけない

私がいろいろな影響を受けたオグ・マンディーノの『地上最強の商人』の中に、「自分の感情の主人になる」という言葉がありました。

「弱者は自分の思いに支配され、強者は自分の思いを支配する」というものです。

私は隠し事をしないので、若いころは感情の起伏もわりとそのままオープンにしていたのです。

しかし、経営者になると、そのオープンさが必ずしもいいとは限らないのだということを感じるようになってきました。問題があるから怒っていても、気分が悪いから怒っているように見えたのでは、効き目がありません。褒めるときも、客観的に評価して褒めているのに、「今日は機嫌がいいんだな」と思われていたのでは意味がない。

リーダーとして、自分の感情に支配されていない姿を見せなくてはいけないと思っていたのですが、実際にどうしたらいいかがよくわからない。
そんなとき、お手本となるような方と出会ったのです。

『自動車ディーラー革命』『自動車流通革命』『21世紀自動車販売「勝者」の条件』などの著書がある安森寿朗さんという方でした。

昔、マツダに「オートラマ」という販売網がありましたが、それを起ち上げたのが安森さんだと聞いています。マツダとフォードが連携体制を整えたころのことで、車の営業スタイルとして非常に画期的なことをいろいろされていました。

マツダで専務を務められた後、コンサルタントをされていらしたので、名古屋トヨペットの経営企画室にいた当時の私は、安森さんにコンサルティングをお願いしました。

いつ電話しても、同じような空気感で、同じような口調で話される。それは実際にお会いしたときも一緒です。つねに安定した同じような雰囲気で、感情的になるようなことがない。オグ・マンディーノの言うところの「自分の感情の主人になる」ということは、こういうことなのか、と思いました。

ズバッと辛辣なことを指摘されることもあるのですが、いつも雰囲気が同じなので、そのときの気分の波で怒られているという感じがない。こちらの至らないところを指摘してくれているという感じで、説得力がありました。

私はそれを見習って、できるだけ気分の波が出ないよう、努力するようになりました。

安森さんのことで忘れられないのは、「世界一の自動車ディーラーになりたい」と私が言ったら、「いろいろなディーラーの人を見てきているけれど、世界一になりたいなんて言う日本人は初めてだ」と言ってくださり、目をかけていただいたことです。

プロジェクトが終わって、その後私はアメリカに行くことになったのでしばらくお会いしていなくて、久しぶりにお電話を差し上げたときに、奥様から亡くなられたと伺いました。

安森さんの言葉でもう一つ、心に深く残っているものがあります。

「他の人が味わわないほどの異常な体験をすればするほど、人間は大きく成長する」

この言葉は、つらいことがあったときにとても力になりました。

オグ・マンディーノの『地上最強の商人』の中に、私が非常に気に入っている箇所があります。

気分が沈んでいたら、歌おう。
悲しかったら、笑おう。
体調が悪かったら、仕事を倍にしよう。
怖かったら、頭から突っ込んでいこう。
劣等感を感じたら、新しい服に着替えよう。
自信喪失したら、少し声を高めよう。
貧しさを感じたら、来たるべき富を考えよう。
無力感を感じたら、かつて得た成功を思い返そう。

卑屈になったら、かつて立てた目標を思い出そう。
今日、私は自分の感情を支配するのだ。

感情に支配されてしまいそうなときに、心を整え、リセットするのに最適の言葉です。

この後には、「自信過剰になったら、失敗したときのことを思い出そう」とか、「自己満足に陥ったら、競いあった日のことを思い出そう」とか、「尊大になったら、無力だった時代を思い出そう」といった警句が並びます。

こういう励ましの言葉、いましめの言葉を心に刻んでおくのは感情コントロールにお勧めです。

気分の波で怒ったら、言葉は説得力を失う。

（他の人は味わわない体験をするほど、人間は大きくなる。いつどこにいても、安定した雰囲気で。）

郵便はがき

料金受取人払郵便

代々木局承認

1536

差出有効期間
平成30年11月
9日まで

1518790

203

東京都渋谷区千駄ヶ谷4-9-7

(株)幻冬舎

書籍編集部宛

1518790203

ご住所　〒
都・道
府・県

フリガナ
お名前

メール

インターネットでも回答を受け付けております
http://www.gentosha.co.jp/e/

裏面のご感想を広告等、書籍のPRに使わせていただく場合がございます。

幻冬舎より、著者に関する新しいお知らせ・小社および関連会社、広告主からのご案内を送付することがあります。不要の場合は右の欄にレ印をご記入ください。　不要 □

本書をお買い上げいただき、誠にありがとうございました。
質問にお答えいただけたら幸いです。

◎ご購入いただいた書籍名をご記入ください。

『　　　　　　　　　　　　　　　　　　　　　　　　』

★著者へのメッセージ、または本書のご感想をお書きください。

●本書をお求めになった動機は？

①著者が好きだから　②タイトルにひかれて　③テーマにひかれて
④カバーにひかれて　⑤帯のコピーにひかれて　⑥新聞で見て
⑦インターネットで知って　⑧売れてるから／話題だから
⑨役に立ちそうだから

生年月日	西暦　　　年　　月　　日（　　歳）男・女			
ご職業	①学生	②教員・研究職	③公務員	④農林漁業
	⑤専門・技術職	⑥自由業	⑦自営業	⑧会社役員
	⑨会社員	⑩専業主夫・主婦	⑪パート・アルバイト	
	⑫無職	⑬その他（　　　　　）		

ご記入いただきました個人情報については、許可なく他の目的で使用することはありません。ご協力ありがとうございました。

気が重い月曜日を楽しくする方法

この本でも何度も言ってきているように、ネガティブ要素を排除したいと考えているので、否定的なことは言わないよう、やらないよう心がけています。

ウソを言わない。

人の悪口を言わない。

小声でひそひそ話もしません。もちろん、大きな声を出さないほうがいい場でのマナーとしては気をつけますが、こそこそ、ひそひそ話す内容にいい話はあまりないと思っています。だからしない。

ひがんだり、恨んだり、妬《ねた》んだりもしない。

つまらないことというのは、張り合いがないと思ってやるから、よけいつまらなく感じるもの。目標を持って、熱意を二割増し、三割増しでやれば、いつのまにかつまらなくなくなります。

月曜日に気が重かったら、月曜を楽しくする策を、雨の日が嫌なら、雨の日を楽しむ方法を考える。

「気分が沈んでいたら、歌おう」「悲しかったら、笑おう」に倣《なら》って、ネガティブなことはできるだけ反転させてしまうようにしています。

自分で言ったりやったりしなくても、そういう環境に巻き込まれていくこともあります。避けること、逃げることができるのであれば、そういった自分をよどませるものにはできるだけ近づかないことにしています。

その場の人たちにやる気がなく、だらだらとしている形式的な会議や打ち合わせは行かずに済むならパスします。

気分が落ち込む場所も避けます。例えば、雑然としていて、清潔感がない場所。掃除が行き届いていないとか、照明が切れかけて点滅しているとか、明らかに人の配慮が欠けている空間は、身を置きたくない場所の一つです。

別に、ゴージャスな場所を求めているわけではないのです。

しばらく前に、ミクロネシアにあるジープ島で休暇を過ごしました。とにかく素晴らしい景色の場所ですが、今は地元の住民以外誰も住んでいません。

そこに質素なコテージがあって宿泊できるのですが、住民がほとんどいませんからいろいろなことが不便です。トイレは、海の水をひしゃくですくって流す。シャワーに使える水もほんのわずか。自家発電をしているようですが、冷暖房はなく、夜になると灯りもみんな消えます。

そんな中ミクロネシア人の夫婦が食事をつくってくれました。極めて不便ですが、心がこもっていて、その環境でできる限りのもてなしが受けられる。手を抜いていないのです。

私が身を置きたくないのは、「真心」を感じない場所と言えるのかもしれません。

ネガティブなことはいっそ反転させよう。

（つまらないと思ってやるから、余計つまらなくなる。自分をよどませるものには近づかない。）

もっとも真心がない行動、ドタキャン

人の行動の中でもっとも真心がないと思うことの一つが、直前になっていきなり約束をキャンセルするドタキャンです。ドタキャンをしないというのはマイルールというより、誰もが守るべき社会のルールでしょう。

ドタキャンは非常に人に迷惑をかけます。信頼を失います。ドタキャンが原因で、進行していたビジネスの話が破談になることもあります。絶対にやってはいけない。

たとえ天候不順で飛行機が欠航したとしても、それはドタキャンをする理由にはなりません。

音楽家が公演当日、現地に着けなくて公演が中止になるということがあり得るでしょうか。スポーツ選手が試合の日に現地に着けずに試合ができなかったということがあり得ますか。

万一のリスクを考えて、前日のうちに移動しておくとか、移動の方法を複数考えておくとかして、何があっても「その日そこにいる」ように段取っているわけです。基本的にそうあるべきだと私は思っています。

体調管理も自分の責任ですから、たとえ熱が出ようが、這《は》ってでも行くのが筋というものでしょう。

歌をやるようになってから、体調管理により注意するようになりました。人と会うとか会議やパーティに出るだけでしたら、熱があっても風邪を引いていてもなんとかしのげますが、歌うとなると、体調がまともに声の調子に影響します。

ですから、常日ごろから乾燥に気をつけ、ステージに立つ予定があるときは何日も前から、必ず保湿マスクをして寝る、出張先でも必ず加湿器を二つはセットするなど配慮しています。また、食べるものにも気をつけるようになりました。ステージ前にはとくに肉を多めにとるように心がけています。普段はできるだけ太らないように、野菜などを中心にカロリーの低いものを意識して食べるようにしているのですが。

ドタキャンというのはクセになりやすいのです。やる人は何度も繰り返してしまいます。その人にだけ突発的なトラブルが起こるわけではなく、気持ちや誠意の問題だと思います。

本当はあまり行きたくないのに、あるいは予定として無理があるのに、安請け合いしてしまうのではないでしょうか。

ドタキャンしてしまうくらいなら、最初から約束しないほうがいいのです。「断ったら悪い」といった気持ちがあるのかもしれませんが、「行く」と言っておいて急遽《きゅうきょ》キャンセルをするほうがはるかに失礼です。あらかじめ行かないと返事をしていたら、相手によけいな迷惑をかけることにはならないのです。

私は、ひとたび約束したら必ずそれを守ろうとしますが、「これはできないな」と思うような話は、はっきり断ることもよくあります。

できない約束はしない。そのほうが相手に対して誠意のある態度だと考えているからです。

▼

守れない約束なら、最初からしない。

（「断ったら悪い」と思う気持ちよりも、急遽キャンセルをするほうがはるかに失礼。）

気乗りのしない会合、行くべきか否か

例えば、なんとなく気乗りのしない会合があって、行くべきか迷うようなときは、自分の心の声と対話することにしています。

「行くべきだと思うか？」と私。

「本音ではどうしたいんだ？」と心の中のもう一人の私。

「行きたくない。でも、行かなきゃまずいかな、という気持ちがある」

「なぜ行かなきゃまずいのか？」

「俺は中心メンバーだ。先方は、いつものように俺が出るものだと思っているはずだ」

「本当にそうか？　自分が思っているほどには、人はおまえに関心を持ってないものだぞ。俺が行かなきゃ困るだろうなんて、そんなこと、ない、ない。おまえがいなく

ても、『今回は小栗さん、いないんですね』くらいで終わり。おまえがいなかったらいなかったで、その日いるメンバーで楽しくやるんだよ。だから、行きたかったら行けばいい。行きたくなかったら、やめておけ」

「そうか……そうだな。あまり気が乗らないのには、きっと意味があるんだろう。今回はやめておくか」

こんな感じで結論が出る。心の中の私は、現実を生きている私よりも客観的で冷静です。


迷っているときというのは、誰かに背中を押してもらいたいものです。だから「どうしたらいいと思う?」と身近な人に相談したりする。その「誰か」の役割を、私は心の中のもう一人の自分に担わせているのです。

人から相談されたときは、話しぶりから、だいたいその人の本音が透けて見えます。「ああ、この人は今、人から背中を押してもらいたがっているんだなあ」と感じるときは、「迷っているなら行きなさい」と言います。

「この人は、止めてもらいたがっているんだなあ」と感じるときは「嫌だったらやめなさい」と言います。

本当は、自分のことを一番よくわかっているのは自分なのですから、自分で心を決められたほうがいい。自分で決めたことは誰にも責任転嫁できないので、覚悟が据わるのです。

そういう意味で、迷ったら、自分の中にもう一人の相談相手を見立てて、自問自答してみるといいと思います。

人から背中を押してもらいたいと思っているなら、自分で踏み出せばいい。

人から引き止めてもらいたいと思っているなら、最初からやめておけばいい。

そうすると、自分の選択に自信を持てるようになります。

心の中の私は、
現実を生きている私よりも
客観的で冷静。

迷ったら心の声を聞いてみよう。
自分で決めたことは誰にも責任転嫁できない。

未来の自分へ投資しよう

こんなことを言ってくる秘書や役員がいます。

「今度、こういうイベントがあります。視察したいのですが、海外で開催されるそうです。遠くなりますが、出張してもよろしいですか？」

私はこう答えます。

「いいね、出張しておいでよ！」

「えっ、いいんですか？　でも、それが業務にダイレクトに役に立つかは何とも言えませんが……」

「でも、貴殿の自己成長にプラスになるでしょ」

「ありがとうございます」

「ただし、何のために行くのか、目的意識をしっかり持つこと。そこは忘れないでほしい」

「はい」

もしかしたら、職場によっては「仕事と直結しないことに出張費なんかかけられない」とか、「そんなのに行っている時間があるの？　業務に支障は来さないだろうね」とか、細かいことを言う人もいるかもしれません。でも、私はこういう自発的な意欲のある人はどんどん応援します。

自分が体験したことは、すべてどこかで血肉となって活かせる、と考えているからです。すぐに仕事に役に立つと言えるかはわからなくても、その人にとってはきっとプラスになる。目に見えるかたちでは出てこなかったとしても、ものの見方とか、センスとか、いろいろなところに活きると思うのです。人間というのは、そういう経験の集積ではありませんか。

種をまかないことには、何も芽は出ません。実りをもたらしてくれません。だから、自分をもっと豊かにしたいと思ったら、積極的に種まきしたほうがいい。これは個人としてのあり方も、組織としてのあり方も同じだと思います。人も企業も、先行投資なくしては伸びないのではないでしょうか。

大事なのは、目的意識を持つことや、その先のゴールをイメージしておくことです。「自分は何のために、今、ここに来ているのか」、そういう意識がないままイベントに出かけていって、「すごい」「きれいだな」「おもしろいな」「ああ、楽しかった」という感想で終わってしまっては意味がありません。

キーワードになるのは「自分のために」です。

何のために自分はそこにいるのか、そのために何をしたらいいのか。

私はどこにいても、「自分は何のためにここにいるのか？」ということを自問自答します。

何のためにここに来て、この人と会っているのか。

会議やパーティのときは、自分はどういう立場、どういう立ち位置でここにいて、何をすべきなのかを考えます。

そこを後にするときに、「やっぱり来てよかったなあ」と思えるようにするには、目的を充たすことができたかどうか、その達成感が大きいわけです。

▼

種をまけば、実りは得られる。

（人間は経験の集積でできている。先行投資があれば、個人も組織も伸びていく。）

▼三ヵ月集中する、三年我慢する

何か新しいことを始めるときは、とにかく三ヵ月は続けます。

とにかく、毎日やるということを決める。ただし、毎日何時間やるといった厳しい規律（ルール）のようなものは設けません。それがきつくて、やるのが楽しくなくなってしまうなら、身もふたもないと思うからです。

…

そして、「どうなりたい」という目標をきちんと定める。これが目的意識になります。三ヵ月後にこうなっていたい、六ヵ月後は、一年後は……目標が具体的であればあるほど、そこに向けて意欲をかきたてていくことができます。

「英語が話せるようになりたい」と言っていても、なかなか上達できないような場合、例えば三ヵ月後にTOEICの試験で何点をとりたいとか、外国人のお客さんに自分の会社の商品を説明できるようにしたいとか、具体的な目標を定めるといいと思います。

目標が明確にカレンダーで定まっていると、忙しくて長時間勉強する時間がとれなくても、ちょっとした隙間時間に集中してやるなど工夫できるものです。

三ヵ月集中して続けると、ある程度はものになるものです。

三ヵ月集中して身につけたことというのは、その後少しブランクができてしまっても、ゼロにはならないのです。

一週間、二週間くらいで放り出してしまったことは、しばらくしてまたやろうとすると、ほとんど忘れてしまってゼロに近い状態ですが、三ヵ月続けてやったことは、からだに残ります。もっとも、この三ヵ月理論は私の個人的な経験に基づくものなので、人によっては多少違うのかもしれませんが。

一方、何か新しいことを始めて、批判の声が湧いてきたとき、三年が我慢のしどころだと思っています。

革新するということは、既存のやり方をしている人たちにとっては恐怖になります。

だから批判というのは外部よりも、むしろ内部から出ることが多いわけです。

しかし、何か言われたからといって気にしてすぐにやめてしまったらダメで、その効果が少しずつわかってくるまで、「石の上にも三年」の諺どおり、三年は続ける覚悟をします。


私の歌がまさにそうですが、歌を始めたころは、皆私をバカにして「オペラ歌手になんてなれるわけがない」「どうせ道楽でやる趣味の程度だろう」と言われる毎日でした。箸にも棒にもかからないものだったら、三年もたない。三年続くということは、それなりの実績が出たということです。そして、真摯に三年続けていると、評価というのは変わってきます。

歌を始めて三年が経過しますが、逆に今は皆さんが「すごいね」「よくがんばっているね！」「カーネギー応援するよ」など、かなりフォローの追い風が吹くようになっています。

今はいろいろなことがスピード化しています。「人の噂も七十五日」という諺もありましたが、最近は一ヵ月もすると噂にならなくなります。
それで言うと、今後は三年ではなく、一年くらいに縮まってくるのかもしれません。

▼

集中して身につけたことは、ゼロにはならない。

（新しいことを始めて批判されたとき、三年は我慢を。真摯に続けていると、評価も変わる。）

変えられない過去を捨て、未来にかける

「あのとき、ああしていればよかった」とか、「どうしてあっちの道を選ばなかったのか」と悔やむのが嫌いです。過去は変えられません。今さら何を言っても無意味です。でも、未来は変えられる。

私は済んだことを嘆きません。過ぎたことには一切興味がありません。過去に執着がないのです。過ぎたことはどんどん忘れていきます。ただし、反省はその都度きちんとします。

過去にこだわらず、今が一番よくなるようにしていけばいいと考えています。

反省はしますが、一切後悔はしません。反省というのは、過去の出来事を振り返り未来をよりよくするための行為なのでしますが、後悔は時間の無駄と考えるのでまったくしません。原因を追及しようとか、「もっと別の道があったのでは?」と頭を抱

えるなどして、まじめにその問題と向き合ってしまうと、むしろクヨクヨ悩む種になると思っています。だから後悔はしない。

以前、嫌なことを吐き出すためには、紙に嫌なことをすべて書き出すといいというのを実践したことがあります。でも、書くためにはそれを一つひとつ思い出すわけです。書いたものも残ります。これは、むしろ意識の中に残りやすい、逆効果なのではないかと感じて、やめました。合う、合わないは人それぞれですから、それがいいと思ってやっている人を否定しようとは思いません。私向きではなかったというだけのことです。

私の場合は、過去の嫌なことはどんどん忘れてしまうほうがストレスにならないのです。

▼

今が一番よくなるようにしていけばいい。

（後悔は必要ない。過ぎたことはどんどん忘れて、執着から自由になる。）

▼五分間だけ、とことん落ち込んでみる

過ぎたことにこだわりがなく、どんどん忘れる主義の私でも、たまには落ち込むこともあります。

失敗した自分が許せないのです。日ごろはネガティブなことは言わない、やらない方針の私も、自己嫌悪から怒りの感情がふつふつと湧きます。

こういうときにどうするか。

私は「五分間だけ、そのことを思いっきり考えていい。泣こうが、わめこうが、愚痴をこぼそうが、嘆こうが、何をしてもいい。とことん落ち込んでいい」という五分間ルールをつくっているのです。

そして五分経ったら、その思いを全部スパッと捨てて、いつもの自分に戻る。

自分にネガティブな時間を五分だけ許すのです。五分といえば三〇〇秒ですからね、

けっこう長いですよ。

第1章の冒頭でした「ピンクのクマ」の話を覚えていますか？

「絶対に考えないでください」と言われるから、考えたくなってしまうのです。

ですから、とことん考えていい時間を設けるわけです。

五分経ったら一切忘れる。気持ちを切り替えます。

これは感情をコントロールする方法として、自分で考え出したものです。

時間を自分の切り替えスイッチにする方法を、ここでも活用してみようと考えたのです。

どうしても切り替えられないときは、あと三分許します。

それでも切り替えられないときは、もう二分。

分刻みで自分に特別な時間を許す。

これもトレーニングですから、いつもやっていると切り替えがうまくなっていきます。今では、三分でたいていのことは切り替えられます。よっぽどのことがあったときに、もう三分、そのくらいです。「一〇分も二〇分も落ち込んでいられない」と思えるようになりました。


よく実践するのが、心の中のもう一人の自分に気持ちを吐き出すというやり方です。

「ああ、おまえはなんてバカなんだろう。大バカ者だ」

「こんな失敗をするなんて、おまえも地に落ちたものだな」

「なんというザマだ。ぶん殴ってやりたいよ」

黙って心で何かを思うというより、声に出して、罵詈雑言《ばりぞうごん》を自分に浴びせます。

このときに、「俺」ではなく、あくまでも「おまえ」として二人称で言います。なぜかはわかりません、いつのまにかそうしていました。過去の自分を「おまえ」と二人称にすることで、今の自分自身と切り離すことができているのかもしれません。

そして五分経ったら、

「きっとこれもいつかは人生のいいことになるんだろうな、俺は忘れるけど」

と言って切り替えるのです。

こうすると、不思議なことにネガティブなものを吹っ切っていくことができるのです。

もう、私の頭に「ピンクのクマ」はいなくなるというわけです。

人は一〇分も二〇分も落ち込み続けることはできない。

（五分経ったら、嫌な気持ちを全部スパッと捨てて、いつもの自分に戻る。）

みんなに好かれようとしてはいけない

みんなに好かれようとしない。

これには、二つの意味が重ねてあります。

一つは、すべての人からよく思われるということはあり得ないのだということ。

芸能人の人気ランキングが象徴的ですが、「好きな人」で上位にランキングされている人気者が、「嫌いな人」でも上位に入っているというケースがよくあります。つまり、好きだと言ってくれる人も多いけれど、嫌いと思っている人も多かったりする。

ものの考え方でも、必ず反対意見というのがあります。何をしても批判はあります。

一〇〇人いたら、一〇〇人全員から好かれるというのは無理なのです。

すべての人に好かれること、賛同してもらえることはできない。

批判は必ずあるもの、敵も必ずいるもの。いいことを言ってくれる人もいるけれど、悪く言う人も必ずいるものだと思っていれば、気がラクです。

もう一つは、「好かれたい」「『いいね』と言ってもらいたい」という気持ちを捨てようという意味です。

今はSNSの普及もあって、みんな、自分が人からどう見られているかということを非常に気にしています。確かに、好感度があることは大事です。しかし、自分がどう見られているかということばかり意識しすぎると、苦しくなったり、軸がブレてしまったりします。

『嫌われる勇気』という本が大ヒットしましたが、まさに、人に「嫌われる」という勇気を持つことも大切だと思うのです。

好かれようとすることよりも、「信頼される」ことを意識する。あてになる人、あてにされる人になろうとする。そう考えると、それぞれが自分の信念のもとに、もっと生きやすくなると思います。

▼

批判は必ずあるもの、敵も必ずいるもの。

人から好かれようとするより、「信頼される」ことのほうがよっぽど大切ではないか。

▼一日一〇〇回「ありがとう」を言ってみよう

忘れてはならないのが、感謝です。

感謝というのは大事だなあと実感するようになってから、私は「一日一〇〇回『ありがとう』を言う」と決めてやるようになりました。

一日に一〇〇回というのは、けっこう大変なのです。周囲の人にちょっと何かしてもらったときに言うくらいだと、せいぜい二、三〇回程度です。何に感謝できるかなあ、といろいろ考えるようになります。

朝起きたら、手を合わせてまず感謝。

「今日もこうして元気に目覚め、爽やかに一日を迎えられることに感謝します。ありがとうございます」

私はとくに何かの宗教を信じているわけではないので、特定の神様に祈っているわけではないのですが、私を生かしてくれている大いなる力に感謝するところから一日を始めています。

エレベーターに乗り込むようなときにも「すみません」ではなく、「ありがとうございます」。

会議の資料を準備してくれた人には「ありがとう、お疲れさま」。

妻にも毎日必ず何回か「ありがとう」。

心から感謝して「ありがとう」「ありがとうございます」と言える場、言える機会を増やしていると、さまざまなことに対する感謝の念がより深まり、すがすがしく心地よい気が、自分の周りに増えていくような感じがします。

こういう感謝の気持ちをあらわすようになってから、心がおだやかになった気がします。

夜寝る前にも一日の締めくくりに、その日自分と関わってくれた人に感謝して目を閉じる。すると熟睡できるんですね。

感謝しようと思ってするのがもちろんいいわけですが、とにかく「一日一〇〇回、

『ありがとう』を言ってみよう」というところから入っても、いつのまにか自分を変えていくことができます。

「すみません」より、「ありがとう」を。

（夜寝る前に、その日自分と関わってくれた人に感謝して目を閉じる。）

第４章

「上げる」技術

▼「つまらないものですが」と手土産を渡す日本人

人と会って手土産を渡すときに、「つまらないものですが」と言う人がいます。よく使われる慣用的な表現ですから、日本語として間違ってはいないのでしょうが、私は使いません。

自分が「つまらないもの」と思っている品を人に差し上げるなんて、失礼だと考えているからです。

「これは私が大変気に入っているものですが、あなた様のお口や好みにも合うとうれしいです」とか、「評判がいいものなんですよ、お気に召すといいのですが」と言って渡します。自分が自信を持ってお薦めできるものを選んでいるからです。

「素敵なシャツですね、とてもお似合いです」と褒めると、「いえいえ、そんなことはありません」と答える人もいます。

これも謙遜の気持ちなのでしょうが、私は何を否定されたのかなと不思議になります。自分ではあまりいいと思っていないシャツなのか、似合っているという言葉が気に入らなかったのか、なかなか日本人の表と裏の使い分けに悩むときがあります。

せっかく褒めてもらったのに、否定で返すというのは失礼な行為だと私は思います。私だったら、素直に「ありがとうございます」と言います。

日本語の敬語表現というのは、相手を敬う大変いい習慣ですが、へりくだるというかたちで、自分を下に置きます。

気持ちというのは言葉に影響されますから、謙遜のつもりで自己否定の言葉を頻繁に使っていると、いつのまにか堂々と自信を持てない体質になってしまわないかと心配になります。

相手に敬意を表すことは大切ですが、そのために自分を慇懃無礼《いんぎんぶれい》に「下げる」ことはやめたほうがいいと思うのです。グローバル化した今の時代感覚に合わなくなっている表現なのではないでしょうか。

自分を低く置いたネガティブな言い方をしなくても、前向きでありながら謙虚にふるまうことはできますし、礼を尽くすこともできます。

相手を敬うのはいいが、
自分を慇懃無礼《いんぎんぶれい》的に
下に置くのはやめる。

「つまらないもの」を相手に差し上げていいのか。
もっと自信を持ってお薦めしてみよう。

▼どうしたら相手を喜ばせられるか

一番大事にすべきは、相手に気持ちよくなってもらうこと、喜んでもらうことのはずです。

英文で『武士道』を著し、その精神を世界に広めた新渡戸稲造《にとべいなぞう》は、「礼儀（マナー）」について、こんなことを説いています。

「体裁を気にして行うのであれば、礼儀とはあさましい行為となる。真の礼儀とは、相手に対する思いやりが外に現れ出たもの。礼儀の最高の姿は、愛と変わりない」

礼儀とは、相手への思いやり、愛のようなものだと言うのです。

体裁をつくろうことから抜け出て、もっと愛で接することが必要なのです。

私は、わざとらしい謙遜もあまりしないですし、わざとらしい遠慮もそれほどしません。しかし、人に喜んでもらおうという気持ちは、人一倍強く持っています。

誰に対しても、そのときできる最高の礼を尽くしたい。私と会って一緒に過ごす時間を、楽しんでいただきたい。気持ちよくなっていただきたい。

「小栗さんと会ってよかったなあ」「今日、ここに来てよかったなあ」「小栗さんに会って元気になった」そんなハッピーな気持ちになっていただきたいと考えています。

そのために、「どうすればいいコミュニケーションになるだろうか」「どうすればこの人に喜んでもらえるだろうか」ということに非常にエネルギーを注ぎます。そうすることが相手へのマナーだと思っていますし、私自身それがとても楽しいのです。

この気持ちを一言で表現するなら、やはり「愛」でしょう。

新渡戸稲造は、「ＬＯＶＥ」という英語をどう和訳したら日本人の感覚に合うかを考え抜いて、「御大切」と訳したと言われています。

愛＝相手を大切に思う気持ち、これはコミュニケーションの本質だと思います。

私は真心を感じない場所にはいたくないという話をしましたが、相手のことを大切に思ったら、真心を込めたくなる。「もっと何ができるだろうか」と考え抜きます。
思いを尽くすことが大切なのです。

礼儀の最高の姿は、愛である。

「どうすればこの人に喜んでもらえるか」と考えることは、相手へのマナー。

▼仕事でも日常でも役立つ褒める技術

相手をいかに気持ちよくさせられるか、その力量が試されるのが人を褒めるときだと思います。

基本、恥ずかしがってはいけない。

素直な気持ちでなければいけない。

相手の目をしっかり見て、褒める。

思ってもいないことを言うとそれが相手にもわかり信用されなくなるので、ウソはつかないことです。ただし、多少表現を膨らませたり、リアクションを大きくしたりというのは、サービス精神としてありでしょう。それも気持ちよくさせるためのコツまたはスキルと言えると思います。

先日、ある女性声楽家の方と食事をご一緒したときに、

「こちらの素敵な女性にシャンパンを」

と言ってオーダーしたところ、

「そんなふうにさらりと気持ちよくなることを言ってくれる男性、日本にはなかなかいない」

と言ってもらいました。

この返し方がいいですよね。私のほうこそ、とてもいい気分にさせていただきました。

こういうやりとりは、照れたり、恥ずかしがったりしては台無しです。さりげなく言わないといけない。それにはやはり場数を踏むことでしょうか。いろいろ失敗を乗り越えながら、自分がさっと取り出せる褒め言葉を増やしていくのです。

私はふだんから声が大きいですが、人を褒めるときは意識して大声で、やや大げさに言うことにしています。

これは『地上最強の商人』から得た教えの一つで、同書に「人を褒めるときには、屋根の上から大声で叫ぶように賞賛しよう」と書いてあったからです。

みんなに聞こえるように褒めるのがいいのです。

大勢の人がいる場では、例えばその人の近くに行って耳元で小声で褒めたりすると、妬みや嫉《そね》みの原因にもなってしまいます。

他の人たちにもはっきり聞こえるように言うと、みんなも納得しやすい。また、他のみんなも褒められるようになりたいという気持ちが湧くので、全体のモチベーションが上がるのです。

例えば、会議のときにいい発言をした人には、

「○○さんのアイデア、非常にいいですね。素晴らしい」

と大きな声で全員に聞こえるように賞賛し、拍手したりします。

そうすると、場も盛り上がる。発言者も気持ちがいいし、他の人もアイデアをどんどん出したくなる雰囲気になります。

褒めることが、その場全体の空気を温めるきっかけになると非常にいいわけです。

もう一つ、その人に伝わることを想定して、第三者に言うという間接的な褒め方もあります。

例えば、直接、相手に、

「あなた、きれいですね」

と言っても、通り一遍のお世辞に聞こえるかもしれませんが、

「小栗さんが、あなたのことをとてもきれいな人だとおっしゃってましたよ」

こう言われたら、素直に受け取れます。

ものや行為を褒めるというやり方もあります。

「ピアノを弾かれるそうですね、とてもお上手だとお聞きしました。今度、ぜひご披露ください」

「そのカバン、とても使いやすそうですね。デザインもすごく洗練されていてカッコいいですし」

褒めるのが苦手という人は、まずこのあたりからどんどん練習するのがいいんじゃないかと思います。

褒めるときは大きな声で、
全員に聞こえるよう、はっきりと。

照れたり恥ずかしがったりしては台無し。
場数を踏んで、取り出せる褒め言葉を増やす。

初対面の人とでも一〇秒でうちとけられる方法

人と会うときは、最初の一〇秒がポイントです。

私が強く意識しているのは、

①笑顔
②眼力《めぢから》
③相手への愛

この三つ。

まず、最初は必ず笑顔で対面すること。初めて会う人でも、何度も会っている人でも、その日最初に対面するときは、笑顔から始めます。

このとき、私は相手の目をしっかり見つめます。まっすぐにその人の瞳を見つめる。

一秒、二秒、三秒――。二秒間目を合わせ続けられたら、なかなかのもの。三秒間目を合わせ続けられたら、その人とは何かが通じ合ったという手応えを感じます。目を見ながら、私は心の中で「あなたを愛しています」と呼びかけています。要するに、「あなたを大切に思っています」「この時間を、仲良く過ごしましょう、有意義で楽しい時間にしましょう」、ビジネスシーンなら「私はあなたのために尽くします」という気持ちを込めているのです。

このときの相手の目の表情で、初対面なら「この人はどういう人か」、何度も会っている人なら「この人は今日はどんなスタンスでいるか」の目星がつきます。

「目は口ほどにものを言う」とは本当で、私のことを嫌いな人、歓迎していない人は、一秒と目を合わせません。目が合ったという次の瞬間、〇・数秒で目を逸らします。

ビジネスで、「今日は決然と話をしなければならないことがある」と思っている人は、目にそういう対決姿勢が出ています。「威嚇《いかく》しているな」と感じるようなこともあります。

私のほうはそれでも笑顔を崩しませんが。

うちとけたいと思うなら、笑いとスキンシップでしょう。

できれば最初の一〇秒のうちに、大きな声で「アッハハハ」と笑える話をする。どんなことでもいいんです、この場合は話の内容よりも、口角を上げて笑うというところに意味があります。

大きな声で笑うことには、場の雰囲気をゆるめる効果があるのです。ちょっと緊張した硬い雰囲気を笑いがほぐすのです。とくに、大きな口を開け、声を上げて笑うというのは自分をオープンにすることなので、相手と親しくなりやすい。同じ話で笑い合えたということは、共感にもつながります。

これを会ってすぐにできれば、その場の雰囲気がなごやかになるのです。

もう一つがスキンシップ。といっても、気さくにハグしあう海外と違い、主に握手ぐらいですが。

日本では、別れ際に握手するというのはけっこうあるのですが、会ってすぐに握手をする習慣はあまり見受けられません。でも、最初に握手をすると、もっと親近感を醸《かも》しやすいと思います。目を合わせただけでも通じ合う感があるのですから、握手を交わして直接相手の体温を感じていたら、通じ合うものはもっと多いはずです。

日本では、目上の人に握手を求めるのは無礼だという考え方もあるようですが、「若輩の私から失礼とは存じますが」と一言添えれば、けっして失礼にあたらないと思います。

私は、女性には必ず、「握手、よろしいですか?」と言葉をかけながら手を出します。

目で、笑顔で、気持ちで、言葉で、からだで、相手をウェルカムと受け入れたら、うちとけないはずがない。うまくいかないとしたら、何かが相手を受け入れていないように見えてしまっているのです。

▼

大きな声で、口角を上げて笑ってみよう。

目で、気持ちで、言葉で、「あなたを大切に思っています」と伝える。

▼笑顔の練習、足りていますか？

「あの人の笑顔はつくり笑顔だ、わざとらしい」とか「あの人は目が笑っていない」などと言うことがあります。

どちらも笑顔の練習が足りないか、本心から笑っていないかです。

世の中でいちばん自然で無邪気な笑顔は、赤ちゃんの笑顔です。本人は、自分が笑っているのかどうかもわかっていない。ただ、気持ちよくて喜んでいるだけです。

しかし、少しずつ知恵というものがついてくると、もう無邪気に笑顔を見せることはできなくなっていきます。中学生くらいになると、ほとんど素直に笑えない生徒もいますね。

そこから、今度は社会の中でうまくやっていくための笑顔を身につけるようになるのです。

大人になってから、本当におかしくてお腹を抱えて笑ってしまうようなとき、あなたの顔はかなり崩れていると思います。目が細くなって、目尻が垂れて、小鼻が膨らんで……崩れてしまうのが笑い顔なのです。

そして、それは昔の日本人にとっては、悪いことではなかったのだと思います。最近はすっかり廃れてしまいましたが、「福笑い」という遊びはへんな顔ができるほどおもしろかったわけです。それを遊びとして楽しんでいた。

本当の笑い顔とは、元祖「へん顔」なのです。

つまり、私たちが今、「笑顔が大事」と言っている笑顔とは、すべてつくり笑顔だということ。いかに自然なように見せるか、感じよく見せるか、練習してみがき上げていくものなのです。

表情筋とよく言いますが、表情をつくる筋肉にもいろいろあります。大頬骨筋《だいきょうこつきん》、小頬骨筋《しょうきょうこつきん》、頬筋《きょうきん》、口輪筋《こうりんきん》、笑筋《しょうきん》……顔の左右にありますから、それらがバランスよく動かないと、笑ったときに顔がゆがみます。

筋肉を鍛えるには、一回や二回やっただけではダメなことは皆さんもよくご存じですね。マナー研修で一〇分くらいやったら急にうまくできるようなものではありません。毎日継続してやらなくてはいけない。

よくいわれるのは、英語は上唇をよく使って発声するので、表情筋がふだんから鍛えられている。それに対して、日本語は主に下唇を使って発声するので、基本的に口の上の筋肉を動かし慣れていないというのです。

なおのこと、トレーニングが必要だということになります。

一瞬だけ感じのいい笑顔ができてもダメで、それをずっと維持継続していられるようにしなくてはならない。継続、継続、継続――。とにかく練習あるのみです。タレントさんやモデルさんの笑顔が素敵なのは、それだけ努力をして、自分をきれいに見せる笑顔を完全にモノにしているということなのです。

本当の笑い顔は、「へん顔」。

大人になると社会でうまくやっていく笑顔を身につける。
いい笑顔・素敵な笑顔をモノにしよう。

▼自分を「上げる」モノや場所を増やす

相手を喜ばせるために自分に何ができるかといっても、結局は、自分が知っていることしかできないわけです。

自分のテンションを上げるのに効果的なモノ、場所などを、あなたはどのくらい自覚できていますか？

自分が「上がる」と感じる場所はどこでしょう。

最近、カフェで仕事をしたり勉強したりする人が、とても増えていると聞きます。適度にリラックスしつつ、適度に集中できる。オン・オフの切り替えができて、気持ちよく過ごせる場所なのだと思います。

気分を上げ、かつ生産性、パフォーマンスを上げてくれる場所を自分はどのくらい持っているのか。

最近、パワースポットが人気ですが、自分にとってのパワースポットをどれだけ知っているかということです。

身につけるモノでも、いろいろあります。

例えば、アメリカのビジネスマンは、ここぞという勝負のときにはダークネイビーのスーツを着、赤いネクタイを身につけることが多いです。そこから赤いタイは「パワータイ」とも呼ばれます。

「勝負パンツ」などというものもあります。あれも、パンツ姿を見せることになっても大丈夫な特別お気に入りの下着のことを言っていましたが、最近はアスリートが「勝負パンツをはいて、試合に臨みました」と言ったりしています。

自分の心を奮い立たせてくれるモノ、自分に自信をつけさせてくれるモノ、そういうものをいろいろ把握していると、何かと強みになります。

さらに、自分自身を気持ちよくさせる術《すべ》をよく知っている人は、その知識や情報によって、人を喜ばせる勘どころをつかむこともできます。

孫子の「彼を知り己を知れば百戦殆《あやう》からず」ではありませんが、己を知り、相手を知ることが大事なのです。

▼

自分のパワースポットを見つけよう。

（「パワータイ」や「勝負パンツ」でもいい。自分を奮い立たせるモノに囲まれて過ごす。）

▼ブレないとは、もう一人の自分に負けないこと

何かを鍛えるときは、課題意識を持って「今はここを鍛えたい」とはっきり目的を決めてやることが効果を上げることになるといいます。

例えば、今、私はオペラの練習に非常に力を入れていて、肺活量を増やしたいと思っています。毎朝、ジムに行くのが日課なのですが、最近は肺活量アップのためにプールで潜水もします。

きっかけは、ある日本人声楽家が肺活量を鍛えるために、二五メートルプールを息継ぎなしで何往復も泳ぐトレーニングを毎日欠かさずやっている、という話を聞いたことでした。

高校生まで水泳の選手だった私は、「そういえば、高校のころは五〇メートル、ノーブレスで泳げたなあ」と思い出し、トライしてみる気になったのです。

いきなり無理をして救急車出動ということになってはいけないので、二五メートルを何本も繰り返すというかたちで練習しました。

「今日はもうこれくらいにしておこうかな」と思うと、心の中のもう一人の自分がささやきかけます。

「世界で通用するレベルの歌い手を目指したいというやつが、この程度のトレーニングでいいのか？」

「う〜ん、それもそうだな」と思い、もう数往復がんばる。

苦しい……。もうこれで上がろうと思っていると、もう一人の自分の声がまた聞こえる。

「これで充分なんだな？　とことんやっていると言えるんだな？」

その声に促され、さらに数往復。

正直、苦しいです。

しかし、「あのとき、もっとがんばってやっておけばこんなことにならなかったのに」と悔やみたくないから、今やれることは一〇〇パーセント力を出し尽くしてやっておく。

そして二週間くらい続けていると、高校生のときのように五〇メートルノーブレスに成功することができました。

「おい、三十数年ぶりにやったぞ。五〇代の俺もなかなかのものだろ?」

私は、心の中のもう一人の自分に、誇らしげに言いました。

自分の限界を一つ越したという小さな達成感がありました。

つらいから楽しくないかというと、そうではありません。つらくて苦しいけれども、自分の立てた目標に向かって挑戦していくのは楽しい。

マラソンなんかもそうだと思います。つらい、けれど楽しい。苦しくて、もう二度と走るものかというような思いを抱きながらも、完走できるとまた次のことを考えている。

自分の夢やビジョンを阻むもの、それは「今日はこれくらいでもういいか」という自分自身の甘え、弱さだと思います。

自分の心の声との勝負に勝たなくちゃいけない。

その自分との闘いに勝った日は、疲労していても爽快な気分です。

ビジョンを持って自分と約束をする。そこに向けて、自分と対話しながら切磋琢磨する。それが私のやっているセルフコントロール法、モチベーションを上げる技術です。

▼

今やれることには一〇〇パーセント力を出し尽くす。

（限界に挑むのはつらくて苦しい。だが、目標に向かって挑戦していくのは楽しい。）

第 5 章

人生は舞台、あなたが主役

▼あなたはいくつもの役割を演じる役者

「人生は舞台、人はみな役者」

これはシェイクスピアの戯曲『お気に召すまま』に出てくるセリフです。

人生はドラマの連続です。何幕何場の長丁場になるのか自分でもわかりませんが、自分が存在しているのは、「今」という一つの「場」であると考えると、自分の生きる姿勢というものがすっきりと見えてくるのではないか、私はそう思っています。

人はさまざまな役柄を担っています。

はじめにお話したとおり、私は今、グループ会社一四社の経営者を務め、業界での役割も多数あります。

その一方で個人的には、テノール歌手・世歌勳として歌い、「酒サムライ」（第一〇代）という称号のもとに日本酒＝國酒のＰＲをし、名古屋市教育委員会の委員して教育問題を考え、ミス・ユニバース・ジャパンのビューティーキャンプで特別講師も務めています。

どの役割も大事。どの立場で過ごす時間も大事。どの自分も自分――。みんなそうです。

自分の毎日は、職場と家との往復だけだと思っているあなたも、気づいていないかもしれませんが、さまざまな役を演じています。

例えば、オフィスでパソコンに向かって資料づくりに勤しんでいる自分。会議で発言をしている自分。お客さまと契約に関する話を進めている自分。どれも求められているものがそれぞれ違う役です。さらに、そういった仕事の合間には、気の利く部下の役を務めたり、陽気な同僚役を務めたり、社内でコミュニケーションを図っているでしょう。

一分前の自分と、今の自分は、同じ自分ではあっても、違う役割を務める者として、共に目の前の「今」に全力投球しなければいけない。

だから、一時五九分の自分と二時〇〇分の自分は違う。その場に合わせて、自分のスイッチを切り替えている。それは、時間と場所に応じて、一日に一〇も二〇も舞台をこなしているようなものです。

「人生は舞台、人はみな役者」であるならば、自分の人生という舞台をどんな役者として生きていくのがいいのか。これが最終章のテーマです。

自分の人生という舞台をどんな役者として生きるか。

一分前の自分と今の自分。同じ自分でも、違う役割を務める者として、「今」に全力投球する。

▼なぜ「演じる」ことを悪いと思ってしまうのか

人生を「役割を演じるもの」と表現することに抵抗を感じる人もいるかもしれません。日本人は「演じる」ことを、自分を偽ること、ウソをつくことのように捉えがちです。

私は、演じることも、それがよいこと、必要なことだと思って真剣に全力でやりきれば、けっして悪いことではないと思っています。よくないのは中途半端にやること。中途半端はごまかしにも通じ、ごまかしはウソにも通じます。

全身全霊でその役割に取り組んでいる人には、ウソやごまかし、偽りはおそらくないでしょう。

例えば「あの俳優はうまいなあ」「あの歌手はうまいなあ」などと言います。演技や技術が優れているということは、演じ方が見事であるということです。

ビジネスパーソンだって「あの人の営業力はすごい」「あの人は最高の秘書だ」といえば、その仕事を完璧に演じることができているということだと思います。

日本人には、場に応じた相手を尊重するふるまいや、それを演じることができる人が少ないですね。

ドナルド・トランプがアメリカの大統領になりました。トランプとヒラリー・クリントンとの間で繰り広げられた大統領選の派手なバトルは、非常に関心を持って見ていた人も多かったと思います。

トランプの勝利が決定すると、クリントンは敗北宣言を出し、互いに相手の健闘を称えるコメントを出しました。たとえ建前的なものにしろ、そうふるまうことがアメリカではマナーになっているわけです。

日本はどうでしょうか。

小池百合子東京都知事が誕生したとき、一部の政治家が非常に大人げない対応をして話題になったことがありました。アメリカ人だったら、本心はどう思っているかは別として「昨日までは敵だったけれど、今日からは応援するよ」という態度で笑顔で握手するところです。それができないというのは残念ですし、それが許される日本文化もいかがなものかと思いました。最近はＳＮＳなどの普及により、きちんとした審美眼を持ったコメントをする人も増えているので、それはそれで日本も変わりつつあり、よいことだと思います。

日本人は「表と裏がある」ということに対しても悪いイメージがありますが、世界的な感覚では、本音と建前をきちんと使い分けられるということは、大人の証であって、礼儀にかなったことなのです。

日本人は、昨日と今日はつながっている、だから昨日言ったことと真逆のことを今日言うわけにはいかない、と考えます。でも、状況が変われば、考え方も行動も変わるのが当たり前で、同じであり続けようとするほうが無理がある。

これは当然のことですが、自分が変わらないままだとしても、世の中はどんどん変わっていきます。それに適応しなければ自分自身が取り残されることになるのですから。

その点、アメリカ人は、「昨日と今日は違う日だから、昨日言っていたことと今日も一緒のわけがない」と割り切って考えています。

場面場面で舞台の置かれている状況もそれぞれ違う。時間が変わり、状況が変わり、場面が変わったら、その舞台に立つ役者は、そこにふさわしい役割を臨機応変に演じる必要があるのです。それが現実を受け入れるということでしょう。

▼

舞台が変われば、
考え方や行動が変わるのは当たり前。

（昨日と今日は違う日。
同じであり続けようとするほうが無理がある。）

「夢を追いかける」のは本当にいいこと？

就活中の学生と接することの多い、人事に携わっている人から聞いた話です。

その人はいわゆる一流企業といわれる会社の人です。当然、世間で言われている一流大学の学生たちの応募が多いのですが、二流、三流と言われるクラスの大学から応募してくる学生もけっこういるのだそうです。

そういう中にも逸材がいることがあるのでダメとは言わないらしいのですが、学歴だけで既にハンデがあるわけです。そこを潜《くぐ》り抜けるにはよっぽど光るものがないといけない。

「自分にはこういう強みがあります」というものを引っ提げてくるかと思うと、まったく何の戦略も持たずにただ「御社の社風にずっと憧れていて……」などと言う。あれは「夢を見る」という前向きな行動ではなく、己がわかっていない、ただ無謀なだけだとその人は言うのです。

例えば、宇宙飛行士を目指すとか、プロゴルファーを目指すとなると、能力的に難しいことがすぐにわかりますが、企業に就職するというのは、「ひょっとしたら自分にもチャンスがあるかもしれない」と思ってしまいやすい。

でも、それは甘い。できない現実に早く気づくべきだと言います。

これは一流企業の人事担当者の本音です。

しかし、もしこの話のようなかたちで自分の現実を把握できていない学生が、同じ発想で入社がかないそうもない企業ばかり一〇社、二〇社と受けて、次々と不採用になっているとしたら、それは大変不幸なことです。

そこで徒労を繰り返すくらいならば、一流企業ではないかもしれないけれど「ぜひ、きみのような人に来てもらいたい」と言ってくれるところを探すほうが賢明です。

人間というのは夢を追いたくなるもの。「夢を持つ」とか「夢を追いかけている」というと、自分の意志を持った前向きな生き方のように聞こえますが、夢は、どうやったらそこに到達できるかという、今と将来をつなげる線を引けなければ、実現できません。

夢という言葉で、できない現実から目を逸らしてはいけない。自分を見切る目も必要です。

夢という言葉で、できない現実から目を逸らしてはいけない。

（ハンデがあるのに、何の戦略も持たず挑戦することは無謀でしかない。）

お金がなくても幸せになれるか

ある女性から質問されました。

「小栗さん、お金がなくても愛さえあれば幸せになれるのですか？」と。

お金については高望みをする人もいれば、あまり欲を持たない人もいます。

「愛さえあれば、お金なんてなくてもいい」

「好きな仕事ができていれば、お金の問題なんかは二の次だ」

「出世なんかしたいと思わない」

たまにこういうことを言う人がいます。一本気で実直な印象を抱きやすいですが、本当にそうでしょうか。

お金なしでも得られる幸せというものに気づくことはいいことです。そういう価値観で生きたいと考えることを悪いとは言いません。ですが、現実ときちんと向き合えているのかどうか心配になります。

お金がなくても愛があればいいという時期も、確かにあるでしょう。好きな仕事ができて、それだけで幸せだという時期もあるでしょう。けれど、永遠にそれが続くわけではない。愛する人を幸せにしたいと思ったら、やはりそれなりに経済力も必要になると思います。

「お金なんてなくてもいい」と言っている人で、稼ぐのがうまい人を見たことがありません。自分が稼ぐ能力に長けていないことを認めたくないために、強がる気持ちで言っているとしたら、それは現実に向き合えていないただの逃げではないでしょうか。

お金の価値、ありがたさがわかっている人は「なくてもいい」とは言わないのです。お金に執着を持ちすぎるのもどうかと思いますが、少なくとも、ある程度稼いでいけることが、社会で一人前に生きていくための必須条件だと思います。


出世なんかしたいと思わない、妬みとかやっかみとか派閥とか権力とか、そういうギスギスした人間関係とは無縁に生きたい。こういう価値観を持つ人がいてもいいと思います。

しかし、そういう欲を持たない人は、裏を返せば向上心も持たないのではないでしょうか。欲があるから、成長しようという気持ちも起こるのです。少なくとも私が経営する企業では、向上心を持たず、マイペースだけを貫き、協調性に欠ける人を雇い続けていこうとすることはありません。

理想としては悪くない生き方かもしれませんが、現実と結びつけられない夢は、夢ではなく幻想です。出家して世捨て人のような生き方をするなら可能でしょうが、俗世を生きていくのは難しいでしょう。

より上のステージを目指して生きていくためには、欲望を持つことが、ある程度、必要なのです。

▼

欲望があるから、人は成長する。

（お金のありがたさがわかっている人は「お金がなくてもいい」とは言わない。）

求められ、期待されて、自分の居場所を得る

人生という舞台における主役は、いつもあなたです。誰もが自分の人生の主役。しかし、社会という舞台では、あなたはどんな役としてステージに立てるのかわかりません。

学芸会の主役は、名乗りを上げたらやらせてもらえることもあるかもしれませんが、現実の社会では、自分が「やりたい」「やらせてください」と言ったからといってやらせてもらえるというものではありません。

実際、俳優として表現の世界で生きている人たちは、例えば、オーディションを受けて、選ばれる。演技がうまくても必ず選ばれるわけではなくて、その役に合ったイメージとか、相手役との釣り合いといったものも選考基準になります。

あるいは、監督やプロデューサーからのオファーがある。この役をぜひあなたにや

ってほしいと考えているという依頼が来るわけです。

オーディションにしてもオファーにしても、決めるのは相手です。求められ、期待されて、舞台上に場所を得ます。

どんな仕事、職業も基本的に同じです。

社会という舞台に立つには、「この人を登用してみたい」と思ってもらえなければいけない。求められ、期待される存在でなければならないわけです。

就職試験はオーディションのようなもの。そう考えると、そこでアピールしなければならないことが何かわかりますね。必要なのは、自分が「何をやりたいか」を訴えることよりも、自分は「何ができるか」を伝えることです。どんな能力があり、どんな努力をしてきたかを見せることです。

そして選ばれたなら、求められていることに全力で応える。つねに、相手の期待値を超えることを目指してがんばる。その結果が、また選んでもらえるかどうかを左右していくのです。

自分がどんなに主役を張りたかったとしても、それを決めるのは舞台をつくり上げる制作サイドの人。「主役ではないから、嫌です」なんて言えないわけです。与えられた場で、精いっぱい努力するだけ。

そうやってたくさんいろいろ引き受けて経験を積んでいくうちに、「この人にこんな役をやらせたらどうだろう」という話が舞い込むようになる。

普通の仕事もそんなものだと思います。経験が豊富になることで、それを活かして同じような仕事が続く場合もあれば、経験を積んだからこそ今度はちょっと違った別の分野でその力を発揮してほしいという場合もあります。

つまりそれは、もっと活躍してください、と期待されているということです。信頼されている、あてにされていると言ってもいいでしょう。

自分では選べないからこそ、自分のできることの幅が広がっていくのです。

▼

「何をやりたいか」ではなく、「何ができるか」をアピールしよう。

（社会という舞台では、自分が演じる役を選べない。だからこそ、与えられた場で努力する。）

希望していた職に就けなかったとき、どうする？

希望していた職に就けなかったとか、自分が希望したのとは違う部署に配属になったとか、仕事をしていると思い通りにならないことはよくあります。

希望に沿う方向ではなかったとしても、ふてくされたり、投げやりになったりしないこと。

「これでなくては嫌だ」とか「これ以外には興味が持てない」と価値観を固定してしまうのではなく、「流れに乗ることで道がひらける」と考え方を変えると、光が射してくるのではないかと思います。

与えられたことが事実で、現実なのです。目の前で起きている現実、事実は曲げられない。数字と一緒で事実はウソをつかないし、その事実から逃げても何もいいことはない。そこでできる精いっぱいの努力をする。現実に向き合うことが大事です。

その現実が自分にとって一番いいことだと思って、少々楽観的すぎるくらいの気持ちで受け入れてはどうでしょうか。

成功した人がよく言うのは、逆境への感謝です。あのとき、非常に苦労があったけれども、それを乗り越えて今がある、と必ず言います。

苦しいときに、「もうダメだ」とあきらめ、投げ出してしまったり、人のせいにしてしまったり、「自分はなんて不運なのだろう」とネガティブ要素を引き寄せてしまったりするから、苦しいことが苦しいままで終わってしまうのです。逆境を乗り越えた人は、そこであきらめたりやめたりしなかった人。

「なにくそ！」という精神で乗り越えていく力のある人が、生き残るのです。

人間には、そのための努力をしている人と、していない人とがいるのではないでしょうか。

努力をしている人は、思いがけないチャンスをつかんだりできる。

そもそも努力もしていないし、何のチャレンジもしていない人にそのチャンスが訪れる可能性は……残念ながらきわめて少ないと思います。

成功した人のたった一つの共通点は、成功するまであきらめなかったこと。

現実を受け入れることで、ひらける道がある。

▼後悔のない人生を送る極意とは

社会では、人から求められ、期待され、認められた人が、舞台に立てるのです。別に、主役になることだけが舞台に立つことではありません。

脇役かもしれない。しかし脇役も大切です。助演男優賞、助演女優賞といった賞をとられる名脇役の人がたくさんいます。いい脇役がいるから主役も映えるし、いい作品ができる。

では、ステージに立ってきらびやかなライトのもと、観客の視線を浴びる存在だけが舞台をつくっているのか。

そうではありません。どんな舞台もチームワークの賜物です。脚本家はシナリオをつくることを、美術スタッフの人は舞台の調度をつくることを、衣装スタッフの人は衣装をつくることを、求められ、期待され、認められて、今そこにいるのです。それそれが、与えられた環境の中で自分の役を演じきっている。自分の人生の主役として、舞台に立っているのです。

「今」やるべきことの一つひとつに対して、「これも一つの舞台」という意識で取り組めば、つねに全力投球する生き方ができるようになります。

そのとき、その場を、自分にとって最高のステージにする。

いい舞台、よくない舞台があるのではなく、すべてを自分でいい舞台にしていくのです。

それが今を大切に生きることになる。ひいては、後悔のない人生になるのです。

歌うように、踊るように、楽しく自分の役を演じましょう。

今、この一瞬を全力で楽しみましょう。

今というときは二度とないのですから。

今、この本を読み終えたその瞬間が
あなたの最高のステージである。

歌うように、踊るように、
楽しく自分の役を演じよう。

著者略歴

▼

小栗成男

（おぐり・しげお）

世歌勳（sekai）

1963年愛知県生まれ。87年3月同志社大学商学部卒業。現在、NTPグループ ネッツトヨタ名古屋株式会社および株式会社トヨタレンタリース名古屋代表取締役社長。自動車販売営業時代に年間180台レベルの販売実績を残し、トヨタ優秀営業スタッフ表彰を受賞するなど「伝説のカリスマディーラー」として活躍する。2014年、名古屋市教育委員会委員に選任。15年7月にはオペラ歌手名「世歌勳（sekai）」を発表し、8月名古屋国際会議場大ホールにて1500人を前にオペラアリアを披露。17年4月2日には世歌勳「Opera Aria The Concert Vol.1」を開催。そのほか、ミス・ユニバース・ジャパンビューティーキャンプ特別講師や、国内外に日本酒の魅力を発信するアンバサダー「酒サムライ」に叙任されるなど多彩な顔を持つ。著書に『オグリズム』（日刊自動車新聞社）、『OGURHYTHM』（丸善プラネット）、『型やぶりに生きる』（PHP研究所）がある。

一秒宝

「嫌なこと」をやめたら、
結果を出す時間が増えていく

2017年5月25日　第1刷発行

著　者　小栗成男
発行人　見城 徹
編集人　福島広司

GENTOSHA

発行所　株式会社 幻冬舎
〒151-0051　東京都渋谷区千駄ヶ谷4-9-7
電話　03(5411)6211(編集)
03(5411)6222(営業)
振替　00120-8-767643
印刷・製本所　株式会社 光邦

検印廃止

ISBN978-4-344-03121-0　C0095
幻冬舎ホームページアドレス　http://www.gentosha.co.jp/

この本に関するご意見・ご感想をメールでお寄せいただく場合は、
comment@gentosha.co.jpまで。